Vendre
à la grande distribution

Éditions d'Organisation
1 rue Thénard
75240 Paris Cedex 05

Claude CHINARDET

Vendre
à la grande distribution

3e édition

**Éditions
d'Organisation**

Sommaire

Chapitre 3

Identifier et optimiser votre commercial mix : la règle des 4C 111

CHAPITRE 4

Préparer votre négociation 147

Remerciements

Mes remerciements s'adressent, en premier lieu, à tous les professionnels, responsables hiérarchiques ou simples collègues des entreprises dans lesquelles j'ai travaillé, ils se reconnaîtront.

Ces remerciements vont ensuite à tous les acheteurs et responsables marketing ou merchandising de la grande distribution alimentaire, avec qui j'ai négocié.

Enfin, ils s'adressent à toutes les sociétés de service, en études et conseils ou agence de promotion et de trade marketing, avec qui j'ai échangé.

Ma reconnaissance toute particulière va à tous ceux qui ont bien voulu me donner l'autorisation de faire paraître dans ce livre leurs chiffres ou leurs recommandations ; dans l'ordre alphabétique : Arbalet, BCMW, Odilon Cabat, le Centre Européen de la Négociation, la Cegos, Dia-mart, Eurostaf, AC Nielsen, le Panel International, PBMO, Perspective, Roland Berger & Partners, Sofres, TNS Sécodip ainsi que les revues professionnelles comme LSA, Linéaires, Points de vente.

Certains d'entre eux, cités en annexe, sont des références indispensables, en tant qu'outils ou conseils, pour ceux qui commercialisent leurs produits dans la grande distribution.

Que les oubliés veuillent bien me pardonner.

Avertissement

La négociation des accords annuels et des plans promotionnels avec chacun des groupes de distribution n'est pas le privilège du compte clé.

En fonction de l'importance du chiffre d'affaires de l'industriel et donc de son organisation commerciale, plusieurs fonctions peuvent occuper le poste.

Dans une PME-PMI, le directeur commercial négocie directement avec les groupes de distribution ; dans des groupes de taille moyenne il peut s'agir du directeur des ventes ou du compte clé ; dans des groupes multinationaux chaque groupe de distribution se voit affecter un directeur d'enseigne, un directeur de clientèle ou un compte clé qui négocie directement avec son client.

Pour faciliter la lecture de cet ouvrage, nous identifierons le négociateur – quel que soit son titre, et donc sa fonction, dans l'organigramme de l'entreprise – au compte clé.

Introduction

La fonction du compte clé occupe aujourd'hui une place de choix dans le dispositif commercial et marketing des industriels. Au chef de produit ou chef de marque du marketing des Trente Glorieuses – propulsé dans les organisations industrielles par la croissance du marché, liée à l'innovation et à la communication média –, ou au directeur régional représentant l'activité commerciale sur une partie du territoire, s'est substitué, petit à petit, dans la hiérarchie des fonctions de l'entreprise industrielle, le compte clé, en charge d'une bonne partie ou parfois de l'intégralité du chiffre d'affaires de l'industriel.

Entraîné par les évolutions du commerce, ce déplacement stratégique, perceptible surtout dans la grande distribution, concernera également à terme la plupart des autres circuits : il est dû à la concentration et à ses retombées en termes de puissance d'achat, mais aussi, sur le plan organisationnel, à la centralisation croissante des décisions.

Le chef de produit est à l'écoute des consommateurs de sa marque et/ou de son produit pour leur proposer l'offre la mieux adaptée à leurs besoins. Le compte clé, quant à lui, optimise les objectifs de sa ou de ses marques avec les clients dont il a la responsabilité. Pour cela il analyse leur stratégie et identifie les caractéristiques des clients consommateurs. La vente d'une marque se fait aujourd'hui par le biais de quelques clients importants : les enseignes. Ce ne sont plus de simples magasins ou uniquement l'expression d'une chaîne de distribution qui achète aux industriels, stocke dans des entrepôts et revend à des points de vente. Elles proposent elles-mêmes les produits aux consommateurs.

À côté des marques industrielles, les enseignes ont acquis une telle notoriété et un tel contenu d'image qu'elles se permettent de commercialiser à leur nom des marques de distributeur ou des services comme de la billetterie, de l'épargne, des voyages, etc. Ainsi, dans les rapports industrie-commerce matérialisés par la négociation entre le compte clé et l'acheteur d'un groupe de grande distribution, l'équilibre des pouvoirs en termes de chiffre d'affaires n'est plus tout à fait assuré. Le compte clé d'une entreprise de 150 millions d'euros de chiffre d'affaires réalise 30 % de celui-ci (soit 50 millions d'euros) avec son premier client : Carrefour, par exemple. Il ne représente pourtant, dans le chiffre d'affaires de ce dernier que 0,1 % ! (soit 50 millions d'euros par rapport aux 50 milliards d'euros que réalise Carrefour en France).

Certes, le distributeur a besoin de marques fortes pour attirer et fidéliser ses propres clients, mais perdre une entreprise qui représente de 0,05 % à 0,5 % de son chiffre d'affaires est loin d'être catastrophique pour lui. En effet, plusieurs marques relativement comparables peuvent se substituer à celle qui vient d'être déréférencée, et les clients changent de moins en moins souvent de magasin s'ils n'y trouvent leur marque préférée.

En revanche, la perte du client distributeur pour le compte clé dans l'entreprise industrielle est lourde de conséquences et met en péril sa propre pérennité dans l'entreprise. De plus, une perte de 20 % de chiffre d'affaires signifie la plupart du temps et dans le meilleur des cas un report d'investissement, qui peut à plus long terme mettre

l'entreprise en difficulté et entraîner, dans le pire des cas, le licencie-
ment d'une partie de la force de vente ou la fermeture d'une usine.
Que dire des PME-PMI aux chiffres d'affaires de moins de 15 millions d'euros qui, de plus, ne possèdent que peu ou pas de marques
fortes comme les entreprises multinationales !

Dans son entreprise, le compte clé est observé dans ses moindres faits
et gestes comme l'équilibriste au cirque. À la moindre perte d'équilibre, la clameur de ses collègues monte, et les visages ne se décrispent
que quand il poursuit son chemin sur le fil. Ils ne se détendent
qu'une fois l'objectif du compte clé atteint, comme pour l'équilibriste à la fin de son numéro.

Le compte clé, responsable des ventes et du compte d'exploitation
des clients dont il a la charge, doit toujours garder à l'esprit les quatre
règles suivantes, que l'on peut appeler la règle des 4 C :

• **CORPORATE** : tenir compte des objectifs globaux de l'entreprise

Le compte clé tient compte des objectifs de son entreprise en termes
de ventes et de moyens financiers. Faut-il reconquérir une part de
marché ? Donc améliorer ses ventes par rapport à celles du marché ?
Ou bien minimiser les performances en termes de volume au bénéfice de la marge ?

• **CO-BRANDING** : respecter la politique de chaque marque

Une entreprise industrielle gère en général un portefeuille de marques qui ont chacune leurs propres objectifs. Telle marque veut éten-
dre son périmètre de distribution en gagnant de nouvelles enseignes
ou être présente dans de plus nombreux points de vente, telle autre
souhaite améliorer sa pénétration ou la quantité moyenne achetée par
acheteur ! L'image de telle marque rend quasiment obligatoire sa présence sur le prospectus thématique de tel client distributeur, etc.

- Adapter sa politique au CLIENT, les CENTRALES D'ACHAT et ENSEIGNES

Chaque client a, bien sûr, sa stratégie, son organisation, ses objectifs. Ces derniers ne sont pas immuables mais évoluent au contraire dans le temps. Ainsi en est-il des opérations de promotion organisées par les enseignes telles que les « Olymprix » de Leclerc – rebaptisées « Trophées des prix », qui varient d'une année à l'autre dans leurs périodes de réalisation –, ou « Festimagic » de Carrefour qui se déroule dorénavant en février et non plus en fin d'année, et qui a recentré son concept sur la joie du carnaval et le service rendu aux clients, etc.

- Observer les CONSOMMATEURS en magasin

Le consommateur reste l'arbitre et sanctionne tout faux pas de la marque ou du produit. À cet effet, toutes les remontées d'informations faites par la force de vente de l'industriel chez les clients régionaux ou dans les magasins sont autant de données à prendre en compte pour ajuster le dispositif : telle information a été communiquée de la centrale au magasin trop tardivement ou avec insuffisamment de précision, telle promotion consommateur a médiocrement fonctionné pour telle ou telle raison, etc.

La règle des 4 C étant posée, le spectacle peut commencer. Le compte clé, observé tant par son client que par ses pairs dans l'entreprise industrielle n'a plus qu'à avancer, comme sur un fil. Il n'a pas droit à l'erreur, la chute serait fatale. Mais un parcours sans faute lui ouvrira les portes de la promotion dans l'entreprise.

Pour réussir, l'industriel doit être attentif à :

1. La maîtrise du contexte, qui, à l'aube du XXIe siècle, prévaut tant chez lui-même que chez les distributeurs, avec en particulier la connaissance des lois et circulaires.

2. Le choix du ou des meilleurs négociateurs possibles (que sont le ou les comptes clés) avec l'organisation adéquate à mettre en place. Le compte clé doit savoir travailler avec ses partenaires, tant internes à l'entreprise comme la force de vente, le département marketing ou le service logistique, qu'externes à l'entreprise comme les distributeurs eux-mêmes avec leurs principaux décisionnaires. Il peut s'agir également de prestataires de service comme les sociétés d'études, les agences de promotion ou de trade marketing.

3. L'identification et l'optimisation de son commercial mix ou règle des 4 C, à savoir : connaître au mieux les objectifs de son entreprise (Corporate), de ses marques et produits (Co-branding), de son Client (Centrale d'achat dans la grande distribution), des Consommateurs finaux de ses produits dans les magasins.

À titre d'exemple, pour les groupes Carrefour et Leclerc nous préciserons :

- leur identification ;
- leur structure du capital ;
- la logique de constitution ;
- les métiers et enseignes ;
- la structure d'organisation ;
- les éléments du marketing mix ;
- les principaux résultats à date ;
- les axes du développement en France et à l'international ;
- les leviers de négociation.

4. La préparation de la négociation aussi bien dans ses aspects stratégiques commerciaux et moyens marketing opérationnels que dans l'établissement du plan par client et de la fiche de négociation proprement dite.

5. Sa capacité à négocier avec les différents points de décision de ses clients distributeurs : acheteurs ou marketing enseigne ?

Le conflit doit-il rester le maître mot de la relation industrie/commerce, ou va-t-on vers davantage de partenariat ? Comment utiliser le category management ?

6. La mesure et le contrôle permanent des accords commerciaux.

Il conviendra ensuite de préciser les évolutions de sa fonction, surtout dans le cadre de l'internationalisation des affaires.

À l'aide de figures, nous ferons le point sur les chiffres nécessaires à la connaissance de Wal-Mart, des 25 premières sociétés européennes de distribution et des cyber commerces français. Des annexes détailleront les caractéristiques des principaux outils des sociétés d'études de marché et de conseil en commercial à disposition du compte clé et des entreprises industrielles.

Enfin, le lecteur pourra retrouver les passages les plus importants des textes des lois et circulaires en vigueur.

Ce livre s'adresse avant tout aux entreprises industrielles qui souhaitent organiser ou adapter leur dispositif commercial dans la formidable mutation de la relation avec leurs clients distributeurs, mais aussi aux enseignes elles-mêmes, ainsi qu'aux sociétés d'études, de conseil en promotion ou en trade marketing, et enfin aux étudiants.

CHAPITRE 1

Le contexte

Ce n'est point le corps des Lois que je cherche, mais leur âme.
MONTESQUIEU

La mondialisation est en marche. Dans les entreprises, la course à la part de marché a laissé la place à l'obsession de la rentabilité des capitaux investis.

Le temps de Thomas Peters et Robert Waterman – deux anciens consultants de McKinsey, avec leur ouvrage *Le Prix de l'excellence, les secrets des meilleures entreprises*[1] –, s'estompe au profit de deux nouveaux gourous : Adrian J. Slywotsky avec son livre *La Zone de profit*[2], et David J. Morrison avec *La migration des valeurs*, tous deux consultants chez Mercer Management Consulting. Leur thèse, outre la suprématie de la rentabilité des capitaux engagés sur la taille de la part de marché, démontre trois autres points :

---

1. Inter Éditions, 1984.
2. Éditions Village Mondial, 1998.

1. La rentabilité se maximise, en identifiant le modèle économique où l'entreprise est susceptible d'exceller (sa zone de profit) et le modèle d'organisation (*Business design*) qui lui permet d'atteindre cet objectif.

2. Ce modèle s'optimise par l'écoute des clients et par la recherche des produits et services susceptibles d'aider l'entreprise à maximiser à son tour sa valeur.

3. Ce modèle n'est jamais définitif. Il faut suivre son évolution (migration de valeur) et réinventer en permanence[1].

On peut également analyser la course à la rentabilité en mesurant les fluctuations du partage de la valeur ajoutée dans l'industrie et les services. La figure 1.1. montre que la part des salaires qui représentait autour de 70 % de la valeur ajoutée dans les années 1980 n'en représente plus que 60 % dix ans plus tard, faisant une part plus grande au capital et à sa rémunération (voir figure 1.1 page suivante).

À l'aube du troisième millénaire, les entreprises de production ou de distribution se recentrent sur leur cœur d'activité. Abandonnant les diversifications, elles cherchent à améliorer leur rentabilité pour rémunérer leurs actionnaires, pour se donner les capacités d'investir et ne pas être opéables. Bien sûr, la recherche de la rentabilité ne se fait pas forcément au détriment de la part de marché et de l'amélioration du chiffre d'affaires. Ces derniers ne sont plus les objectifs essentiels, mais seulement des moyens d'augmenter la rentabilité.

---

1. *L'Expansion* n° 583 du 22 octobre au 5 novembre 1998.

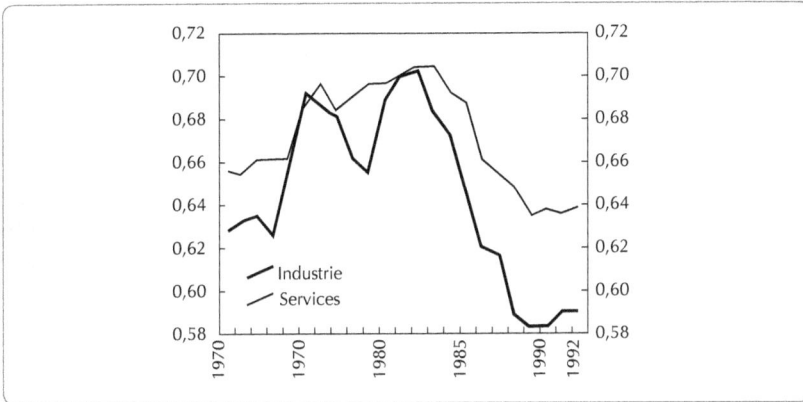

*Figure 1.1. : Évolution de la part des salaires dans la valeur ajoutée,
dans l'industrie et les services (Source : Insee).*

Ceci est particulièrement vrai pour les entreprises de distribution. Nous verrons dans la section 2 comment les distributeurs alimentaires courent après leur chiffre d'affaires pour mieux accroître leur rentabilité.

La section 1 nous conduit dans la cour des entreprises de production, qui mesurent leur rentabilité à l'aune de leur cours de bourse.

1. Les exigences pour l'industriel

Les entreprises cotées évoluent sous le regard de la Bourse. Fini le temps du capitalisme à la française, où dominaient les clubs, les amitiés, voire les complicités entre administrateurs de plusieurs sociétés.

La pression vient désormais des marchés financiers qui jouent de plus en plus leur rôle de contrôle et d'évaluation des entreprises. Des patrons, ils attendent une stratégie claire, des méthodes efficaces et la transparence de l'information ; des administrateurs, la justification de leurs jetons de présence. À tous, les actionnaires demandent d'apporter toujours plus de valeur.

La fusion de VIVENDI et de SEAGRAM va être la réponse la plus appropriée au bouleversement apporté par le mariage de AOL et de TIME WARNER. L'objectif de Jean-Marie MESSIER est alors de marier les productions traditionnelles (le cinéma, la télévision, la musique, l'édition) avec les outils du futur (l'ordinateur, le téléphone portable, la télévision interactive, etc.). Ainsi, le 24 avril 2000, VIVENDI propose la valeur des deux tiers d'une action VIVENDI alors à 112,5 euros pour une action SEAGRAM, ce qui valorise cette dernière à 75 euros. Par ailleurs, le groupe VIVENDI rachète la société MUSIC CORP. OF AMERICA (MCA) rebaptisée aussitôt UNIVERSAL. Le 19 juin 2000, VIVENDI UNIVERSAL lance son portail VIZZAVI. Parallèlement, le groupe poursuit sa politique folle de croissance en 2000 et 2001 : USA NETWORKS grâce à laquelle il ajoute des productions audiovisuelles, un réseau de chaînes câblées, etc.

Mais en septembre 2001, l'action baisse et passe le seuil des 38 euros. Les salariés de VIVENDI UNIVERSAL attirés par les perspectives d'une hausse infinie ont pourtant parfois investi toutes leurs économies dans les titres du groupe.

Le 25 septembre 2001, le groupe acquiert 3 % de son capital ; aussitôt l'action regagne du terrain pour aller à 40, puis 45, et enfin 50 euros. En décembre 2001, le titre est revendu à 57/60 euros.

Pourtant à la fin de l'année 2001, la situation financière de VIVENDI UNIVERSAL se dégrade. Alors que le groupe déclarait avoir 0 dette en janvier 2001, il affiche pour son activité médias et communication un endettement de 14,7 milliards d'euros à long terme et 8,5 milliards d'euros à court terme, sans parler des engagements contractuels et du hors bilan. Les bénéfices apportés par le cinéma, la musique, l'édition ne suffisent pas à faire face aux pertes d'Internet, évaluées à 2 milliards d'euros, et à celles de CANAL + (374 millions d'euros). En fin 2001 le groupe ramène sa participation dans sa filiale VIVENDI ENVIRONNEMENT de 72 % à 63 %. Le 21 décembre de cette même année, les alcools de SEAGRAM sont vendus (pour 8 milliards de dollars).

Malgré ces résultats financiers préoccupants, VIVENDI UNIVERSAL engage en 2002 plus de 21 milliards d'euros avec, entre autres, une prise de participation dans BSKyB (société de Rupert MURDOCH), le rachat de sa participation de USA NET WORKS, etc. et reporte l'essentiel de son endettement sur sa filiale VIVENDI ENVIRONNEMENT.

Le résultat ne se fait plus attendre ; le lundi 24 juin 2002, c'est la débâcle boursière : avec moins de 23,3 % sur une séance de cotation, le titre tombe à 17 euros, niveau en dessous de 1994, date de l'arrivée du jeune patron Jean-Marie MESSIER dans l'empire.

Après le départ de ce dernier le 2 juillet 2002 et la vente de plusieurs entités du groupe, l'action cote 20,39 euros le 5 janvier 2004 !

Certains incriminent les entreprises françaises, qui sont passées trop rapidement d'un statut public à la privatisation, et de la tradition du secret des affaires à l'ère de la transparence médiatique. D'autres soulignent l'urgence de créer des fonds de pension français pour contrebalancer les actions détenues par les Anglo-Saxons dans les entreprises françaises. Quoi qu'il en soit, la recherche d'une plus grande rentabilité à court terme bouleverse le management des entreprises : davantage de délocalisation, des plans de licenciements toujours plus audacieux, la valse perpétuelle des équipes dirigeantes, qui ne feront probablement pas mieux que leurs prédécesseurs mais qui risquent de faire perdre à l'entreprise sa culture et l'identité de ses marques, la modification incessante des stratégies d'entreprise, etc.

Dans les années 1970, les vertus du management étaient enseignées sur les bancs des écoles de commerce ou des facultés. Une génération plus tard, la finance a largement pris sa revanche.

La figure 1.2. illustre cette évolution avec trois sociétés industrielles de grande consommation cotées en bourse.

PERNOD RICARD	2000	2001	2002
CA	4 832 000 k€	4 555 000 k€	4 836 000 k€
Résultat net	195 000 k€	358 000 k€	413 000 k€
Cours de bourse	45 €	62 €	72 €
+ haut sur l'année	50 €	70 €	85 €

LVMH	2000	2001	2002
CA	11 581 000 K€	12 229 000 K€	12 693 000 K€
Résultat net	722 000 K€	10 000 K€	556 000 K€
Cours de bourse	80 €	52 €	48 €
+ haut sur l'année	98 €	70 €	60 €

DANONE	2000	2001	2002
CA	14 287 000 K€	14 470 000 K€	13 555 000 K€
Résultat net	721 000 K€	132 000 K€	1 283 000 K€
Cours de bourse	130 €	140 €	130€
+ haut sur l'année	172 €	161 €	150 €

Figure 1.2. : Évolution comparée du CA hors taxes,
du résultat net et du cours de bourse moyen annuel
(Source : rapports annuels des sociétés).

Dans les trois cas, on observe que l'évolution des cours de bourse (dans une période où l'indice CAC a chuté) n'est pas liée à l'évolution du chiffre d'affaires.

Dans les produits de grande consommation, alimentaires ou non, le rôle du compte clé, tant dans sa course perpétuelle à l'augmentation des volumes et de chiffre d'affaires que dans sa recherche constante d'une plus grande rentabilité des clients distributeurs qu'il gère, est fondamental. Il devient, plus que tout autre, un relais opérationnel indispensable de la stratégie de son entreprise. Il est une fonction clé pour les résultats financiers et la bonne évolution du cours de bourse.

2. La prise de pouvoir du distributeur

De 1950 à 1980, années appelées « Les Trente Glorieuses » par Jean Fourastié, la grande distribution est devenue un vecteur essentiel du développement de la croissance et du pouvoir d'achat des ménages. Malgré la volonté de limiter le nombre des grandes surfaces avec la loi Royer (1973), la grande distribution restait un allié de poids du gouvernement français – qu'il soit de gauche ou de droite – car elle luttait efficacement contre l'inflation par une politique de discount, poussait à la modernisation des filières agroalimentaires et était une source importante de financement des partis politiques.

Le vent a tourné en cette fin de siècle.

« Les Trente Piteuses », selon l'expression de Nicolas Baverez, ou « Les Vingt Malheureuses », selon celle de Philippe Labarde et Bernard Maris, ont succédé aux « Trente Glorieuses ».

Le chômage a succédé à l'inflation qui a été maîtrisée. L'industrie agroalimentaire s'est restructurée. Une loi sur le financement des partis politiques a été votée. Bref, la grande distribution est subitement montrée du doigt. Une croisade accusant les grandes surfaces d'alimenter le chômage s'est développée à partir de 1993-1995.

Plus fondé, le rapport Charrié a identifié les risques pour les industriels et donc les risques d'aggravation du chômage, si le législateur laissait faire. A suivi, fin juin 1996, un projet de loi relatif « au développement et à la promotion du commerce et de l'artisanat » dit loi Raffarin, qui traduisait la volonté du gouvernement de limiter l'extension des grandes surfaces. En juin 1996, a vu le jour une loi visant à régir et à encadrer les relations industrie-commerce « pour la loyauté et l'équilibre des relations commerciales », appelée loi Galland. Toutefois, cette dernière a fait basculer la négociation industrie-commerce des tarifs et de la marge avant à la marge arrière ou coopération commerciale et à son accroissement, que les Nouvelles Régulations Économiques (mai 2001) puis plus récemment la circulaire Dutreil (juillet 2003) ont essayé de limiter.

3. Les lois et leurs conséquences

La loi Raffarin

La loi Raffarin s'applique depuis le 14 octobre 1996. Elle fait suite aux gels administratifs de 1993 et législatifs d'avril 1996. Ce texte, qui amende la loi Royer de 1973 limitant les ouvertures de grandes surfaces, vise à protéger le petit commerce, à défendre l'emploi et à rééquilibrer le commerce des centres villes et des périphéries. Est ainsi soumis à autorisation toute création ou tout agrandissement d'un magasin de plus de 300 m^2, contre 1 000 m^2 dans les villes de moins de 40 000 habitants et 1 500 m^2 pour les autres dans la loi

Royer. Sont concernés par la loi les magasins de commerce de détail hors pharmacies. Sont exclus les magasins réservés aux professionnels, de type Métro.

Cette disposition vise avant tout les hard discounters dont la surface moyenne est de 700 m². Les dossiers doivent dès lors être soumis à la Commission Départementale d'Équipement Commercial (CDEC) dont la composition est ramenée de sept à six membres avec trois représentants des élus et trois représentants des organisations professionnelles et de consommateurs. L'autorisation est acquise avec au moins quatre votes favorables sur six. Sinon, il est toujours possible d'avoir recours à la Commission Nationale d'Équipement Commercial (CNEC), composée de huit membres totalement indépendants et désignés pour leur compétence. En réalité, la loi Raffarin n'a fait que poursuivre une tendance déjà amorcée depuis plusieurs années, et qui traduit tout simplement les évolutions du marché, passé de la croissance à la maturité, comme le montre la figure 1.3.

Points de vente	Janv. 1992	Janv. 1993	Janv. 1994	Janv. 1995	Janv. 1996	Janv. 1997	Janv. 1998	Janv. 1999	Janv. 2000	Janv. 2001	Janv. 2002	Janv. 2003	Janv. 2004
Total France	44 789	42 498	41 738	41 957	41 635	39 479	38 937	38 460	38 087	37 790	37 489	37 112	36 832
dont hypermarchés	850	900	958	997	1 030	1 056	1 074	1 090	1 094	1 150	1 173	1 217	1 269
dont supermarchés	7 085	7 109	6 888	6 825	6 671	6 421	6 357	6 230	6 111	6 145	5 809	5 787	5 791

Figure 1.3. : *Évolution du nombre de points de vente alimentaire (Source : AC Nielsen).*

Conséquences de la loi Raffarin pour le distributeur

Elles sont de trois ordres :

- Les situations au 1er janvier 1997 sont bloquées, ce qui implique une protection à dater des positions acquises.
- Le regroupement et la concentration de la distribution française.
- La croissance ne pouvant pas toujours s'exercer sur le territoire français, la distribution est obligée d'aller la chercher ailleurs, c'est-à-dire à l'international.

LA PROTECTION DES POSITIONS ACQUISES

Le développement du nombre de Grandes Surfaces Alimentaires (GSA) – hypermarchés et supermarchés –, de Grandes Surfaces Spécialisées (GSS) est stoppé. Finie l'époque des années 1980 où s'ouvrait un supermarché par jour. Le nombre de créations des hard discounters se chiffre toujours aux environs de 250 par an, soit presque une par jour, et a donc pris le relais des supermarchés.

La figure 1.4. résume l'évolution de ces points de vente depuis 1991 (voir page suivante).

Par ailleurs, les magasins en place sont protégés par la loi Raffarin, qui réduit le risque de voir s'installer dans une même zone de chalandise de nouveaux magasins. Cela a pour conséquence de limiter les guerres de prix – alimentées par la venue d'un nouveau discounter type Leclerc ou Intermarché et entretenues par le droit d'alignement–, et d'augmenter la rentabilité des magasins et la valeur de leur fonds de commerce. Aujourd'hui, un supermarché vaut environ 25 % de son chiffre d'affaires, soit le double d'il y a cinq ans.

Points de vente	1992	1993	1994	1995	1996	1997	1998	1999	2000	2001	2002	2003	2004
Grandes surfaces	7 935	8 009	7 846	7 822	7 701	7 477	7 320	7 205	7 295	6 982	7 004	7 004	7 060
Hypermarchés	850	900	958	997	1 030	1 056	1 090	1 094	1 150	1 173	1 217	1 217	1 269
Supermarchés	7 085	7 109	6 888	6 825	6 671	6 421	6 357	6 230	6 111	6 145	5 809	5 787	5 791
Hard discounters	437	778	1 073	1 447	1 795	1 942	2 087	2 386	2 440	2 622	2 880	3 039	3 353

Figure 1.4. : Évolution du nombre de grandes surfaces alimentaire, hypermarchés et supermarchés, comparée aux hard discounters (Source : AC Nielsen).

Cela pose d'ailleurs le problème de la chasse aux indépendants – les réseaux Leclerc et Système U et, dans une moindre mesure, Intermarché ou d'autres franchisés type Champion. En effet, comment éviter qu'un succursaliste ne surpaye un magasin indépendant qui connaît des problèmes de succession, et que celui-ci ne se laisse tenter par la proposition d'achat de son magasin à un prix nettement supérieur à celui que lui offre son mouvement. La fidélité ne résiste pas toujours à la surenchère financière.

La loi Raffarin freine également la créativité commerciale pour de nouveaux concepts de magasins et suscite peu d'empressement de la part d'enseignes étrangères qui investiraient dans un pays comme la France s'il n'était devenu protectionniste en la matière.

À ce stade, il est important de bien comprendre que dans la grande distribution, où les marges sont faibles, le besoin de croissance est un enjeu fondamental.

En effet, vu la faiblesse de la valeur ajoutée et de l'autofinancement du secteur, comme le montre la figure 1.5., le crédit fournisseur permet de financer une perte de l'exploitation des magasins. Or sans croissance, la variation de besoin en fonds de roulement serait nulle, et les groupes de distribution ne parviendraient plus à se financer sauf à recourir à l'endettement bancaire, dans la mesure où le secteur a peu de fonds propres (de l'ordre de 26 % du passif).

Secteur grande distibution	1993	1995
Chiffre d'affaires	100	100
– Achats	80,7	80,3
= Taux de marque	19,3	19,7
– Autres charges extérieures	5,8	6,3
= Valeur ajoutée	13,5 (100)	13,4 (100)
– Frais de personnel	9,4 (69,6)	9,3 (69,7)
= EBE ou marge d'exploitation	4,1	4,1
Frais financier	(7,5)	(5,7)
Dividendes	(3,1)	(3,1)
Entreprise	(16,0)	(16,3)
Impôts	(3,8)	(5,2)
Résultat net	1,5	1,6

Figure 1.5. : Analyse de la valeur ajoutée moyenne (Source : Eurostaf).

Sachant que les besoins d'investissement se sont élevés à 28,2 % en 1995, on voit bien que le déficit structurel par rapport à l'autofinancement de 16,3 % se monte à 11,9 %, ce qui est trop important par rapport aux marges dégagées même si les produits financiers progressent.

Afin d'assurer son développement, la distribution s'est regroupée. La fin des années 1980 et le début des années 1990 ont vu le rachat d'Euromarché et de Montlaur par Carrefour, de Genty et Disque bleu par Rallye, puis de Rallye et de La Ruche méridionale par Casino, de Codec par Promodès et de la SASM par Docks de France.

Après un relatif calme, l'accélération des regroupements s'est faite en 1996 avec l'OPA réussie d'Auchan sur Docks de France et l'entrée de Carrefour à hauteur de 42 % dans le capital de Cora. On a ensuite assisté à la prise de contrôle de l'Allemand Spar Handel AG par ITM Entreprise, à son alliance avec le Canadien Ro-Na Dismat Inc. et à celle d'Auchan avec l'Italien la Rinascente.

La loi Raffarin raréfie les possibilités d'expansion par création de nouveaux mètres carrés et pousse donc à la croissance externe, encore possible si l'on compare la concentration de l'appareil de la distribution française à celle de nos principaux voisins.

L'effet de taille permet, par ailleurs, de massifier encore plus les achats, d'optimiser les coûts logistiques et de réduire les dépenses marketing de communication d'enseigne ou de développement des marques distributeurs. Enfin, un groupe ne peut pas se permettre d'être relativement faible ou modeste sur son marché intérieur s'il souhaite partir à la conquête de l'étranger.

L'année 1998 a vu le rachat de Comptoirs Modernes par Carrefour, qui possédait déjà, depuis 1979, 22,8 % du capital et 31,9 % des droits de vote. Ainsi en 1998, le nouveau groupe Carrefour avec Comptoirs Modernes, qui avait lui-même racheté, fin 1997, les 30 supermarchés de la société nordiste PG (Prix Gros), représentait à cette date un chiffre d'affaires de plus de 30 milliards d'euros.

L'année 1999 a vu la constitution de la centrale d'achat Opéra détenue à 50 % par les sociétés Casino d'une part et Cora/Match de l'autre.

Enfin, le 25 janvier 2000, le feu vert est donné par la Commission européenne à la fusion Carrefour/Promodès, initiée par une offre publique d'échange amicale lancée par Carrefour sur Promodès en septembre 1999, les 42 % d'actions détenues dans Cora par Carrefour devant être revendus.

Cinq groupes de distribution français se sont constitués à l'aube de l'année 2000. Par ordre décroissant de chiffre d'affaires :

- Carrefour/Comptoirs Modernes/Promodès
- Leclerc/Système U
- Casino/Franprix/Monoprix-Prisunic/Cora – Match, par l'intermédiaire de la centrale d'achat Opéra
- Intermarché
- Auchan/ex Docks de France/Schiever

Ils seront six après l'éclatement de la centrale d'achat Opéra et la scission des groupes Casino et Cora/Match qui reprennent leur indépendance début 2003 sous les noms de EMC Distribution et PROVERA.

Les figures 1.6. et 1.7. montrent le classement en part de chiffre d'affaires, exprimé en milliards d'euros, des distributeurs en France (Nielsen) et des enseignes (TNS-Sécodip).

Groupe Carrefour	**26,5**
Carrefour	15,2
Champion	7,8
Autres	3,5
Lucie	**23,4**
Leclerc	15,7
Système U	7,7
EMC Distribution	**13,4**
Casino	10,9
Monoprix	2,5
Intermarché	**13,3**
Groupe Auchan (Schiever inclus)	**13,1**
Auchan	10,3
Atac	2,8
PROVERA France	**4,7**
Cora/Match	4,2
Autres	0,5

*Figure 1.6. : Part de marché des cinq premiers distributeurs en France
(Source : AC Nielsen, 2004).*

Enseigne	Part en chiffre d'affaires
Leclerc	17,2 %
Carrefour	13,9 %
Hard Discount	11,9 %
Intermarché	11,7 %
Auchan	10,3 %
Champion	7,7 %
Système U	7,7 %
Géant	4,2 %
Lidl	3,9 %
Leader Price	3,2 %
Cora	3,1 %
Atac	2,9 %
Monoprix	2,1 %
Casino	1,8 %
Ed	1,8 %
Aldi	1,6 %
Franprix	1,4 %
Match	0,8 %
Netto	0,6 %
Le Mutant	0,3 %

Figure 1.7. : Part de marché en valeur par enseigne
(Source : TNS Sécodip, Année Mobile au 15.06.03).

Faut-il en conclure, à ce stade, que la concentration est importante en France ? Si on la compare aux trois leaders nationaux, dans les différents pays d'Europe, la réponse est mitigée, comme le montre la figure 1.8. En effet, les trois premiers groupes en France représentent 64 %.

Pays	Leaders	Part de marché en %
Suède	Ica Kf Axfood	95 %
Danemark	Fdb Dansk Supermarkt Supergros	78 %
Belgique	Carrefour Delhaize Calruyt	60 %
Autriche	Bml Spar Adeg	78 %
Pays-Bas	Ahald Laurus TSM	83 %
Allemagne	Edeka Rewe Aldi	57 %
Grande-Bretagne	Tesco Asda Sainsbury	58 %
France	Carrefour Leclerc / Système U Intermarché	64 %
Irlande	Tesco Dunnes Super Value	54 %

Figure 1.8. : Part de marché des trois premiers groupes nationaux par pays (Source : AC Nielsen).

L'ASCENSION DU HARD DISCOUNT

Les consommateurs fréquentent les magasins de hard discount ne sont plus seulement motivés par les prix bas. Ils s'y rendent également pour les raisons suivantes :

– Association proximité et prix plancher à la place de magasins de grande taille et prix bas, comme en grandes surfaces ;

– Rapidité avec laquelle on peut faire ses courses ;

– Assortiment plus limité, avec moins d'animation, de promotion et de publicité. « Le hard discount s'abstient de crier haut et fort qu'il est le moins cher mais le ticket de caisse parle de manière constante. », (Source : *Points de vente*, n° 921, 26/11/03) ;

– Transfert d'argent et de temps pour d'autres activités comme les loisirs ou les vacances ;

– Reconnaissance de valeurs morales comme le refus du gaspillage ou l'écologie.

La figure 1.9. traduit le mouvement ascensionnel du hard discount.

Hard discount	2000	2001	2002	2003
Part de marché	9 %	9,2 %	10,9 %	11,9 %
Taux de pénétration	53,7 %	56,3 %	60,8 %	63,1 %
Panier moyen	16,1euros	16,3 euros	18,3 euros	20,7 euros

Figure 1.9. : Évolution du hard discount
(Source : Référenseigne TNS Sécodip 2003).

En France, on assiste à un développement du « soft discount » avec des enseignes comme Leader Price, qui offre davantage de choix à ses clients : 2 000 références contre 1 400 chez Aldi.

L'INTERNATIONALISATION DE LA DISTRIBUTION

L'internationalisation de la distribution française n'est pas récente. Elle s'est même accélérée avec la loi Raffarin qui, en incitant les groupes de distribution à croître en externe, leur a donné une position suffisante sur leur marché domestique pour aller à la conquête du monde.

Cette internationalisation va permettre à la distribution française d'affronter ses concurrents étrangers – tels que Wal-Mart, Ahold, Delhaize, Sainsbury, Tesco, Métro, Rewe, etc. –, et de lutter à armes égales avec ses fournisseurs multinationaux tels que Procter, Danone, Nestlé, Kraft Jacobs Suchard, etc.

Le lecteur pourra se reporter aux annexes qui décrivent le leader de la grande distribution, Wal-Mart, et les 25 premières sociétés européennes de distribution alimentaire.

La loi Galland

Ce texte, applicable au 1er janvier 1997, modifie sensiblement l'ordonnance du 1er décembre 1986 « relative à la liberté des prix et de la concurrence », dite ordonnance Balladur, qui elle-même avait mis fin à l'ordonnance de 1945 sur la réglementation des prix. En effet, après dix ans de pratique, les dispositions de l'ordonnance de 1986, en termes de facturation, s'étaient révélées difficiles à appliquer. Elles avaient engendré la revente à perte et envenimé les relations industriels-distributeurs. L'objectif de la loi Galland était donc de supprimer la revente à perte. Cette pratique était nocive tant pour le petit commerce, qui ne pouvait aligner ses prix de vente, que pour les marques des industriels, particulièrement celles à forte notoriété dont les prix de vente consommateurs étaient « cassés » exagérément et ne correspondaient plus à leur positionnement marketing.

Prenons l'exemple d'une zone de chalandise sur laquelle se trouvent un hypermarché succursaliste, type Carrefour ou Auchan, un discounter indépendant, type Intermarché ou Leclerc, et un supermarché succursaliste, type Casino ou Champion.

À la première baisse de prix d'une marque à forte notoriété, suite par exemple à une queue de promotion placée en fond de rayon par un discounter indépendant, les deux autres magasins vont convoquer l'industriel de ladite marque pour lui signifier leur volonté soit de s'aligner sur le prix de vente consommateur pratiqué chez le discounter indépendant, moyennant une facturation à l'industriel de la différence de prix constaté, soit même, à l'extrême, de déréférencer celle-ci.

Les principales dispositions de la loi Galland

LA TRANSPARENCE TARIFAIRE

L'un des grands mérites de la loi Galland est d'avoir levé les ambiguïtés relevées dans l'ordonnance Balladur. Le nouvel article 31 de l'ordonnance du 1er décembre 1986, entré en vigueur le 1er janvier 1997, renforce la simplification des règles de facturation.

L'article 31 de l'ordonnance de 1986 prévoyait, de manière assez floue, de faire figurer sur la facture du fournisseur « les rabais, remises et ristournes » dont le principe est acquis lors de négociations industriel-distributeur, et dont le montant est chiffrable lors de la vente ou de la prestation de service, quelle que soit leur date de règlement.

Désormais, seules « les réductions de prix acquises à la date de la vente et directement liées à cette opération » doivent figurer sur la facture de l'industriel pour être prises en compte dans le calcul du seuil de revente à perte.

Les remises conditionnelles dont la condition n'est pas réalisée à la date de l'opération n'ont plus à figurer sur la facture, contrairement à la doctrine administrative antérieure. De même, les remises non chiffrables, comme les accords de coopération, doivent être exclues de la facturation et ne plus être utilisées comme auparavant pour abaisser le seuil de revente à perte.

LA REVENTE À PERTE

En raison de ces imprécisions législatives, du droit d'alignement des magasins sur les prix les plus bas et du montant faiblement dissuasif des amendes, l'article 31 de l'ordonnance de 1986 sur l'interdiction de la revente à perte n'a pas atteint son objectif et n'a jamais été strictement appliqué.

Le calcul du seuil de revente à perte s'établissait en fait jusqu'à l'application de la loi Galland sur le prix d'achat effectif présumé des marchandises. Désormais, l'article 31 modifié assure le respect de l'interdiction de revente à perte par la détermination de la facture et retient comme seule référence le prix d'achat effectif, c'est-à-dire le prix d'achat unitaire figurant sur la facture, majoré de certaines taxes et du prix du transport « en tout état de cause ». L'exception « d'alignement » est réservée aux magasins de moins de 300 m^2 pour les produits alimentaires et de moins de 1 000 m^2 pour le non-alimentaire. De plus, les sanctions de la revente à perte sont alignées sur la loi Sapin, les amendes étant portées de 15 245 euros à 76 225 euros, voire la moitié des dépenses de coopération publicitaire engagées.

LES PRIX ABUSIVEMENT BAS

Cette notion concerne les produits non revendus en l'état par le distributeur, comme le pain et la pâtisserie, les viandes et poissons, la charcuterie, auxquels s'ajoutent au nom de « l'exception culturelle » les disques. Pour ces produits, la facture d'achat peut servir à fixer le seuil de revente à perte en intégrant les coûts de production, de transformation et de commercialisation.

Les sanctions peuvent atteindre des amendes allant jusqu'à 5 % du chiffre d'affaires hors taxes de l'entreprise contrevenante.

LE RÉFÉRENCEMENT

Les budgets de référencement des nouveaux produits, variétés ou conditionnements, non assortis de commandes proportionnées sont interdits. En effet, avant la loi Galland il n'était pas rare de constater que des budgets avaient été réglés à des distributeurs sans pour autant correspondre à la présence effective des nouveaux produits dans les magasins concernés ou à des commandes suffisantes ; le nouveau produit étant, bien entendu, sur le cadencier du magasin mais trop souvent en rupture de stock. De même, il n'est plus permis à un distributeur de déréférencer un produit sans préavis ni « motif légitime ». Dans les faits, le préavis de trois mois tend à s'imposer, et il est facile pour la distribution de se prémunir en résiliant les contrats de référencement avant la négociation annuelle.

LE REFUS DE VENTE

La circulaire du 2 avril 1960 (dite circulaire Fontanet) avait interdit de pratiquer le refus de vente à la distribution. Cette mesure avait été prise après que des industriels de l'époque, sous la pression des petits commerçants, eurent refusé de livrer Édouard Leclerc, l'épicier de Landerneau.

La disposition de l'ordonnance de 1986, qui reprenait cette interdiction, est supprimée par la loi Galland. En fait, peu d'industriels souhaitent se priver des volumes d'un distributeur.

LA COOPÉRATION COMMERCIALE

La coopération recouvre le budget payé par l'industriel au distributeur pour la rémunération de services tels que la présence de son produit dans un prospectus, la mise en avant sous forme de stop rayon en linéaire ou en tête de gondole, etc. Ces prestations sont décidées d'un commun accord lors des négociations annuelles.

Elles complètent les conditions générales de vente. La fausse coopération ou coopération « morte » est interdite. Avant la loi Galland, il n'était pas rare, en effet, de constater que certains budgets de coopération commerciale n'avaient aucune contrepartie mesurable par l'industriel. Le distributeur, en revanche, pouvait disposer de ce budget pour abaisser le prix de vente consommateur du produit. Fini donc le temps où le distributeur puisait dans la coopération « morte » pour rendre les prix de vente consommateur encore plus attractifs. La coopération commerciale, qui doit faire l'objet d'une facturation de la part du distributeur, rémunère une prestation de service propre au distributeur et réalisée dans le magasin.

Par ailleurs, la loi donne aux entreprises les moyens de la simplification. Elle permet de bien distinguer négociation de prix et coopération commerciale, d'une part, et, d'autre part, dans la discussion de prix elle-même, de ne plus avoir d'hésitation sur la facturation.

Le législateur a voulu encourager fortement la rédaction des Conditions générales de vente (CGV), même si celles-ci restent non obligatoires. Ce message semble avoir bien été entendu du côté des producteurs.

Enfin, la loi considère *a priori* que la plupart des discriminations ne sont pas abusives. Pour qu'elles le soient, il faut d'une part que l'avantage qu'elles constituent soit dépourvu de contrepartie réelle et, d'autre part, qu'il nuise réellement à la compétitivité d'un tiers.

Il peut exister des accords de ristourne avec un client en dehors des CGV, sous réserve qu'ils ne dissimulent pas de pratiques abusivement discriminatoires. Les questions à se poser sont : telle réduction tarifaire est-elle vraiment acquise au moment de la vente ? Doit-elle venir en déduction du seuil de revente à perte ? Si oui, il faut l'inscrire sur la facture.

L'escompte, même si son bénéfice n'est définitivement acquis que lorsque le paiement de l'acheteur est réalisé, peut être assimilé à une réduction de prix déductible de la facture, pour autant qu'une convention d'escompte ait été signée entre les deux parties pour une durée librement fixée.

Quant au transport, le législateur a décidé que son prix devait s'ajouter au prix d'achat pour déterminer le seuil de revente à perte. Encore faut-il qu'il y ait un prix et non pas un coût, c'est-à-dire une prestation facturée à l'acheteur, par un transporteur. Ce qui exclut toutes les flottes de camion intégrées à un groupe de distribution comme celle d'Intermarché, par exemple.

Une conséquence non décryptable, à première vue, mais largement identifiée à partir de 1998, est l'augmentation très forte, au dire de certains (les agriculteurs, les PME, et même certains distributeurs indépendants), de la coopération commerciale (têtes de gondoles, prospectus, etc.) aussi appelée « marge arrière ». Elle peut atteindre de 20 % à 40 % du chiffre d'affaires des industriels, selon J. Gallot, et constitue une rente de situation, car elle est acquise avant la vente des produits en magasin, et quel que soit le résultat de celle-ci.

D'où l'organisation des Assises du commerce et de la distribution en janvier 2000 par le gouvernement français, qui remet en cause certaines pratiques actuelles de la coopération commerciale. Ainsi, le projet de loi propose de modifier la loi Galland dans son article 28 pour interdire certaines opérations promotionnelles ou en encadrer les modalités ; de même dans son article 36 pour préciser la notion d'avantages discriminatoires, c'est-à-dire sans contreparties. Enfin, les modifications de l'alinéa 7 de ce même article prévoient l'intervention de la justice en cas d'abus de dépendance économique ou de puissance d'achat. Ceci risque de pénaliser davantage les PME françaises, qui sont toutes dans une situation de dépendance économique contrairement aux groupes multinationaux. En effet, la plupart des PME ne travaillent qu'avec trois ou quatre centrales (leur plus gros client pèse environ 30 % de leur chiffre d'affaires, le plus petit 10 %). À l'inverse, aucune grande centrale d'achat ne représente plus de 3 % du chiffre d'affaires mondial d'un groupe multinational. Dans ces conditions, il est à prévoir que les distributeurs pourraient préférer ne pas courir le risque d'être un jour condamnés pour abus de dépendance économique et ainsi faire appel à des fournisseurs étrangers.

Conséquences de la loi Galland pour le distributeur

La loi Galland modifie ou amplifie les tendances observées dans la grande distribution, principalement au niveau des trois axes suivants :

- Elle tend à considérer autrement la négociation avec les fournisseurs.
- Elle vise à différencier davantage le marketing.
- Elle permet de trouver des gains de productivité.

UNE AUTRE VISION DE LA NÉGOCIATION

La loi Galland imposant de calculer le seuil de revente à perte (SRP) à partir du prix unitaire sur facture, et interdisant aux distributeurs de déduire les remises conditionnelles et autres marges arrière rémunérant les services, la négociation entre distributeurs et industriels s'est déplacée des éléments influant sur la facture à ceux concernant la coopération commerciale.

La relation ne se focalise plus seulement sur les achats mais aussi sur les éléments marketing qui, même dans certaines enseignes, peuvent prendre l'ascendant sur les décisions d'assortiment et de promotion. Les négociations entre les deux parties, tirées auparavant par des arguments tels que les prix de vente discountés, le droit d'alignement, etc., et donc conflictuelles, font place petit à petit à des négociations davantage basées sur les intérêts mutuels des distributeurs et des industriels. Le conflit subsiste, car il y a toujours à un moment donné divergence d'intérêts, mais devient davantage un outil de négociation qu'un objectif en soi.

Distributeurs et industriels vont rechercher les points de convergence dans leurs stratégies respectives pour mieux optimiser le budget de coopération commerciale. L'analyse de la performance des éléments de prestation de service de la coopération commerciale entraîne une recherche d'informations transparentes en magasin, basées sur les faits et non plus sur l'intuition, et permet de construire une relation plus adulte et encore plus professionnelle.

Aussi les distributeurs sont-ils de plus en plus demandeurs d'informations sur le comportement du consommateur en magasin et sur la vie des marchés.

Parallèlement, les industriels étant très intéressés par les informations par enseigne sur la performance de leurs opérations promotionnelles et de trade marketing, les distributeurs s'organisent à cet effet et commencent à commercialiser les données scannérisées provenant des caisses des magasins.

À date quatre exemples peuvent être commentés : Prisunic, Système U, Carrefour et très récemment Auchan.

Prisunic/Monoprix

Cette enseigne commercialise elle-même, depuis avril 1995, les informations traitées par la société Iri Sécodip.

Système U

Système U a confié, depuis avril 1995, la commercialisation de ses informations à Nielsen. Il s'agit d'un panel de 48 magasins de l'enseigne de Système U, alimenté toutes les semaines en données scannérisées.

L'échantillon est ici plus important que pour le panel standard, où 22 magasins suffiraient à couvrir cette segmentation.

La progression de la part de marché de l'enseigne Système U n'est sûrement pas étrangère à la connaissance de la performance des marques et produits dans ses magasins.

Carrefour

Après Système U, Carrefour a, en juin 1998, conclu des accords avec Nielsen et Iri Sécodip aux termes desquels l'enseigne autorise les deux panélistes à commercialiser auprès des industriels les données scannérisées dans les 117 hypermarchés Carrefour. D'un côté, le distributeur reçoit les données désagrégées à la référence avec variables incrémentales, au travers des panels Scantrack pour Nielsen et Infoscan pour Iri Sécodip sur 260 marchés ; de l'autre, les industriels, qui auront accepté de payer, selon les niveaux de services, un certain supplément de coût à l'une de ces deux sociétés, recevront douze jours après, les résultats hebdomadaires de la performance de leurs groupes de produits dans les magasins Carrefour. L'accord prévoit enfin que Carrefour développe lui-même ses propres spécifications et regroupement d'items.

Auchan

Auchan est la 4e enseigne à avoir, au début des années 2000, confié aux sociétés de panel la commercialisation de ses informations.

Nul doute que d'autres distributeurs concluront des accords de commercialisation avec les deux panélistes. Quoi qu'il en soit, la commercialisation de ces données aura des conséquences certaines.

1. Leur analyse va objectiver les décisions sur les assortiments, les actions merchandising et les opérations promotionnelles

2. La connaissance de ces données permettra certainement de développer les marchés.

3. Les distributeurs accepteront de prendre le double risque que leurs concurrents puissent connaître leur performance par l'intermédiaire des industriels, et que ces derniers puissent identifier la performance de leurs marques propres.

4. Jusqu'ici, les industriels possédaient un temps d'avance sur la connaissance de l'information par l'intermédiaire des sociétés de panel. Cette avance devra dorénavant se jouer sur leur capacité à exploiter cette information.

Cette transparence des performances des produits en linéaire, assortie des conséquences des lois Raffarin et Galland, va entraîner une sélection, donc un risque de restriction des gammes lors du référencement des nouveaux produits dans les magasins. En effet, d'un côté, les magasins pourront plus difficilement agrandir leurs surfaces, de l'autre, les contraintes nouvelles en matière de référencement n'inciteront pas les acheteurs de la grande distribution à prendre des risques sur de nouveaux produits. Malheur aux produits dont les rotations seront insuffisantes !

Toutefois, il faut avouer qu'à ce jour il y a une croissance excessive du nombre de références dans les magasins.

La figure 1.10. montre l'évolution du nombre de références moyen de produits de grande consommation dans une grande et moyenne surface française.

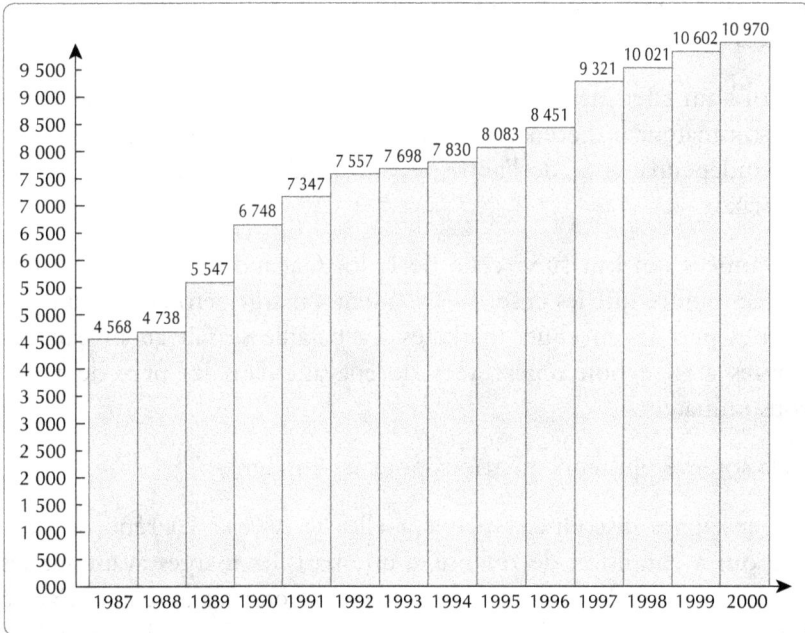

Figure 1.10. : Nombre moyen de références P.G.C. dans une grande et moyenne surface française (Source : Panel international).

UNE DIFFÉRENCIATION MARKETING ACCRUE

Les enseignes de la grande distribution ne pouvant plus se différencier au niveau des prix de vente consommateur, et particulièrement sur les marques à forte notoriété, sont conduites à réfléchir et à accélérer le processus de différenciation marketing sur les autres paramètres du mix.

La loi a un effet mécanique de réduction des écarts de prix de vente consommateur entre enseignes. Il n'y a plus, d'un côté, les discounters indépendants et, de l'autre, les succursalistes suiveurs en matière de prix.

Les années qui ont suivi celle de la loi Galland (1997 à 2000) ont même montré que les enseignes vendent à marge zéro et souvent aux mêmes prix les produits marketés. La bataille se fait au niveau des marges arrière non répercutées dorénavant dans les prix de vente consommateur.

Cela soulève plusieurs questions pour les enseignes :

Les enseignes discounters peuvent-elles le rester ? La réponse peut être oui à condition de réduire, d'une part, les marges avant sur les produits frais et le rayon type électroménager, bazar, etc., et, d'autre part, les marques de distributeurs. Encore faut-il que les enseignes dites non discounters ne suivent pas le mouvement.

Comment utiliser la marge arrière réelle, non pas pour baisser les prix de vente, mais pour parvenir à une forte différenciation marketing, efficace dans la recherche et la fidélisation des clients consommateurs des magasins ? En effet, il y a un risque pour que la distribution finance le rachat de magasins ou de chaînes de distribution et le développement à l'international avec cette marge arrière.

Quels sont les moyens de la grande distribution pour segmenter et se différencier ?

L'enseigne étant une marque par essence, les moyens utilisés sont les mêmes que ceux d'une marque de produit. En dehors des prix, il s'agit du positionnement, des politiques de communication et de promotion, comme les prospectus et les cartes de fidélisation, qui sont porteurs d'image, et enfin de l'offre produit. Celle-ci dépend à la fois du magasin qui reflète l'image de l'enseigne, de la largeur et de la profondeur des gammes et de la politique de marques distributeurs.

UN POSITIONNEMENT PRÉCIS DES ENSEIGNES

Le positionnement d'une marque, que ce soit un produit ou une enseigne, est l'acte déterminant de la démarche marketing. C'est lui qui fixe sur un mapping (une carte), en fonction des deux axes les plus explicatifs du comportement des consommateurs – ici les clients –, la position de chaque marque – ici les enseignes. Cette démarche, volontaire pour un nouveau produit ou pour une enseigne, illustre le comportement de l'ensemble des consommateurs, connaissant le produit ou l'enseigne, par rapport à une trentaine d'items explicatifs du marché en question.

Le positionnement des enseignes traduit les promesses adressées à leurs clients consommateurs. (voir 2.3.). Il peut évoluer en fonction du contenu, appelé fond de marque. Mais comment identifier la perception des enseignes qu'ont les clients-acheteurs ? La société Perspective a réalisé une étude très intéressante, à partir de réunions de groupes, animées selon une méthodologie sémio-projective sou-tenue par la technique des collages. À cet effet, chaque groupe a été divisé en deux sous-groupes, auxquels on a remis une douzaine de revues (les mêmes) avec la consigne de réunir les images évoquant la

« planète » de l'enseigne qu'ils fréquentent le plus souvent, ou enseigne préférentielle, celle fréquentée en deuxième, et celle fréquentée
en troisième. Les résultats (figure 1.11.) résument, pour chacune des
six enseignes d'hypermarché étudiées, l'imaginaire qui lui est affecté,
c'est-à-dire la valeur et le bénéfice perçus.

Les quatre axes correspondent aux quatre fonctions imaginaires de la
distribution :

- la sacralisation ou le pouvoir de partager des valeurs avec ses
  clients ;
- la tentation ou le pouvoir attractif ;
- la gestion ou la capacité de prévoir et de sélectionner ;
- l'accumulation ou la capacité de stocker (Voir figure 1.11 page
  suivante).

On constate par exemple que Auchan et Carrefour se situent sur le
même axe mais à l'opposé.

À Auchan des valeurs originelles, naturelles, des évocations de plaisir,
des clients « hédonistes ». À Carrefour des valeurs d'efficacité, de
rigueur, de compétitivité, des clients « programmés », c'est New
York. Chez Continent, on achète les yeux fermés. Leclerc évoque le
clergé alors que Géant représente l'École du Louvre, les personnages
officiels.

Les implications opérationnelles pour un industriel sont importantes.
Connaître le positionnement d'une enseigne permet d'élaborer un
discours d'intérêt commun dans la relation industrie-commerce :
merchandising, approche produit, action opérationnelle… et de
choisir les bons partenaires pour bâtir des politiques de trade marketing efficaces.

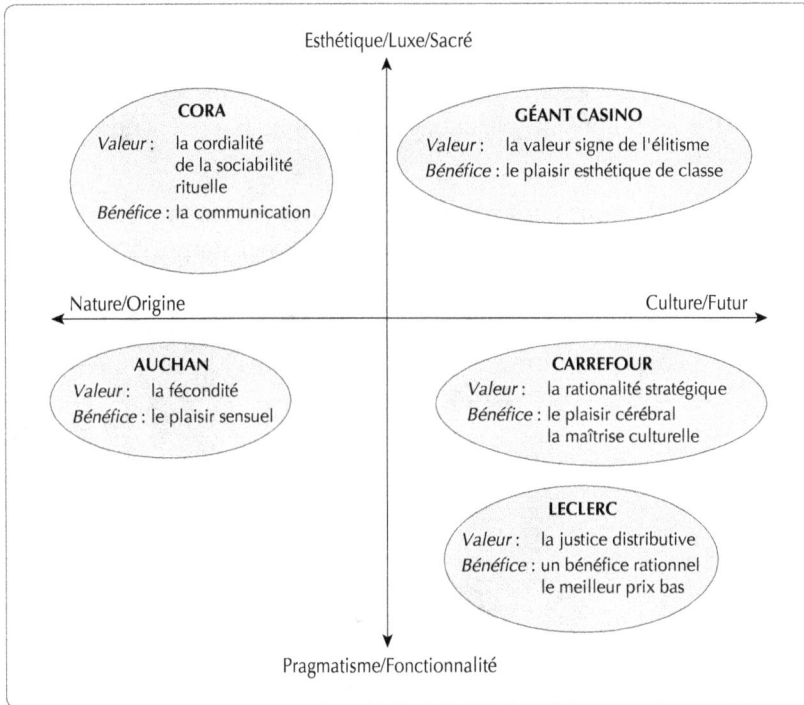

*Figure 1.11. : Valeur et bénéfice de six enseignes d'hypermarché
(Source : Étude sémio-projective, Perspective, février 1997).*

UNE POLITIQUE DE COMMUNICATION ADAPTÉE

Comme toute marque, la grande distribution investit fortement en communication. Celle-ci, classiquement, se divise en média, hors télévision puisque la distribution y est interdite, et en communication dite promotionnelle – à savoir les prospectus et les médias magasins, type affichage sur le parking ou les caddies, messages radio en magasin, etc.

LA COMMUNICATION MÉDIA

Les dépenses radio, affichage, presse et cinéma se chiffrent pour la distribution généraliste, en 2003, à 787 151 euros. Ces chiffres ne tiennent pas compte du parrainage télévision, assez répandu dans le secteur.

La figure 1.12. montre les investissements des principaux annonceurs en distribution alimentaire et leur répartition par supports.

Annonceurs	Investissements
Carrefour	166 509 €
Auchan	103 085 €
E. Leclerc	147 537 €
Hard Discount	102 124 €
Aldi	4 940 €
Ed	4 066 €
Leader Price	9 764 €
Lidl	79 511 €
Intermarché	96 356 €
Système U	45 141 €
Cora	23 002 €
Champion	26 147 €
Géant	22 102 €
Casino	12 958 €
Monoprix	11 615 €
Atac	6 813 €
Match	4 611 €
TOTAL	787 151 €

Figure 1.12. : Les investissements des principaux annonceurs de la distribution alimentaire Juillet 2002-Juillet 2003 (Source : TNS Média Intelligence).

On assiste par ailleurs à un développement des initiatives de mécénat social, comme la mise à disposition de sachets plastiques payants et recyclables (Leclerc), un service d'emballage aux caisses effectué par des chômeurs, des œuvres charitables ou humanitaires, etc. En effet, le discours de la grande distribution évolue sous l'effet des critiques des pouvoirs publics et des médias.

LA COMMUNICATION PROMOTIONNELLE

Plus de 5 000 prospectus ou dépliants sont réalisés par la grande distribution chaque année. La situation s'analyse ainsi :

- Nous avons assisté à une forte inflation du nombre de prospectus sur ces dernières années. Deux sociétés quantifient cette importance. Il s'agit des sociétés Arbalet et A3 Distripub.

À titre d'exemple la figure 1.13. montre le nombre de prospectus par enseigne en 2000.

Enseigne	Prospectus nationaux	Prospectus régionaux	Prospectus locaux	Total
Atac	28	128	9	165
Auchan	70	119	275	464
Carrefour	66	197	128	391
Casino	82	94	125	301
Champion	34	213	35	282
Cora	95	105	208	408
Intermarché	40	196	185	421
Leclerc	21	373	410	804
Monoprix	83	59	6	148
Système U	144	195	70	409

Figure 1.13. : Nombre de prospectus nationaux, régionaux et locaux par enseigne en 2000 (Source : Arbalet).

- Le nombre de produits par prospectus est en progression. Toutes enseignes alimentaires confondues, il est passé de 88 produits en 1996 à 101 produits en 2003.

- D'après Médiapost, les prospectus sont plus épais et de meilleure qualité. Ainsi, une étude Sécodip sur les grandes caractéristiques de seize opérations nationales de prospectus analysés entre février 1997 et février 1998 (voir annexe Sécodip) précise :

  - un abandon progressif du tract basique au profit de magazines et catalogues thématiques ;

  - une recherche de cohérence autour d'un même concept ;

  - une recherche esthétique au service de la lisibilité avec une utilisation, plutôt peu innovante et peu attractive de la radio, et davantage maîtrisée de l'affichage et de la presse.

Il n'en demeure pas moins que les prospectus de chaque enseigne traduisent leur identité. Odilon Cabat, sémiologue, a commenté pour l'IFA (Institut Français d'Architecture) dans le cadre de son exposition « L'autre ville, l'empire des signes », (décembre 1997) plusieurs prospectus qu'il nous est permis ici de reproduire.

Comparaison Carrefour/Auchan

« Le bonheur régressif de la vie traditionnelle chez Auchan contre l'esprit critique et progressiste de Carrefour.

Ici s'illustre clairement la différence qu'il y a entre l'organisation régulière de Carrefour qui met la famille en rang d'oignon, avec les bouées tenues à la main et le vertige de capture des bouées d'Auchan dans lesquelles sont tombés les consommateurs tourbillonnants. Chez Carrefour, le client maîtrise la consommation (et par le fait même il est maîtrisé), dans le deuxième cas, celui d'Auchan, il est submergé et, dans le bain, emporté dans le flux de sa consommation. La bouée-placenta, le piège organique des origines où tombe le consommateur Auchan, est mutée par Carrefour en un objet technique, tenu en main. »

« Dans le nom Cora on entend : cœur, et aussi le début de *corazón*. Ce qui détermine parfois la présence d'objets en forme de cœur (rébus du nom) ainsi qu'une disposition en écusson aussi bien que de macrophotos qui visent à atteindre le cœur de la substance du produit... On y entend également chœur, en voisinage avec chorus, en même temps que le nom contient Ora qui veut dire « bouche et prière » (oraison). Et c'est exact que l'enseigne sollicite le cœur des consommateurs et leur demande de faire chorus avec ses valeurs oblatives. Valeurs illustrées exemplairement par l'opération Écoles du désert. Le logo, Cora, s'écrit en linéales rouges au cœur d'un cartouche en double ellipse bleue.

L'excentrement des ellipses du cartouche tend à donner au logo la forme d'une lentille qui viendrait ainsi grossir le cœur. Cette idée est, du reste, clairement illustrée dans ce prospectus où l'on voit un verre de vin, en relais du logo, faire loupe sur l'étiquette de la bouteille placée derrière. Dans cette image, l'idée de communion est astucieusement illustrée. En effet, la lumière de l'esprit de la marque apparaît sous la forme du reflet rouge sur la bouteille (la couleur de la Pentecôte) comme une langue de feu qui vient vivifier le verre au premier plan. La signification est la suivante : la bouteille, qui représente la communauté (et par conséquent l'enseigne), vient partager ses valeurs avec le verre qui représente le consommateur

individuel, sous l'égide de la lentille grossissante du logo Cora rendu figura-
tif. On notera également que la double circulation cardio-vasculaire est bien
évoquée avec le circuit veineux bleu autour du circuit artériel rouge[1]. »

Les politiques de communication promotionnelle par prospectus, au
même titre que celles des médias en magasin, traduisent bien sûr le
positionnement et la stratégie de chaque enseigne. Le sujet sera
approfondi au chapitre 5, mais d'une façon générale, la prolifération
de ces supports qui ne sont que des services proposés aux industriels
fournisseurs a engendré certains effets négatifs que l'on peut résumer
de la façon suivante :

- Une forte progression du nombre d'opérations en magasin et
  de mises en avant. Il en résulte un engorgement du nombre
  d'opérations pour chaque prospectus, entraînant la mise en
  place de têtes de gondole multiproduits ou références qui nuit
  à la visibilité des promotions en magasin.

---

1. Source : Odilon Cabat.

- Un certain impact des promotions en termes de création du trafic et d'élasticité des ventes. AC Nielsen enregistre le chiffre d'affaires supplémentaire moyen hebdomadaire tous rayons confondus.

En euros, à la référence, par semaine	Fond rayon	Prospectus	Mise en avant	MEA + Prospectus
Standard		392	461	891
Lot	145	277	441	710
Gratuit	148	526	608	916
Lot + Gratuit	215	444	785	1116

Figure 1.14. : Chiffre d'affaires supplémentaire moyen hebdomadaire (Source : AC Nielsen).

Il faut, par ailleurs, avouer que les promotions pratiquées aujourd'hui ne sont pas de nature à clarifier la différenciation des enseignes et donc à fidéliser leurs clients consommateurs. Beaucoup de thématiques promotionnelles des distributeurs sont transposables d'une enseigne à l'autre : « les gratuits », « le départ en vacances », « la rentrée », etc. Le trade marketing promotionnel ne s'est pas encore complètement développé et valorisé même si, à l'heure actuelle, quelques belles opérations créent une certaine notoriété dans la grande distribution comme les « 25 jours Auchan », « Festimagic » chez Carrefour, le « Trophée des prix » de Leclerc ou encore « la Fête des clients » chez Système U. La cause provient-elle des enseignes elles-mêmes, des industriels fournisseurs qui ne peuvent ou ne souhaitent pas développer autant de promotions qu'il existe d'enseignes ? Une fois calmées les politiques tarifaires et les actions sur le prix consommateur, le trade marketing promotionnel et événementiel devrait avoir de beaux jours devant lui.

Depuis quelques années, les opérations promotionnelles sur des produits spécifiques ont fleuri. Elles ne figurent pas sur les tarifs et concernent des produits avec gratuits, des produits stickés avec nouveau gencod « in pack », avec bon de réduction immédiat en caisse, des produits moins chers avec un nombre d'unités de consommation supérieur au produit standard, etc. Ces opérations promotionnelles ont toutes le même objectif : offrir aux consommateurs des marques à prix moins élevés pendant une période fixe et importante du plan d'action commercial des enseignes. La plupart de ces opérations produits spécifiques sont gérées par les méthodes des quotas avec date d'enlèvement impérative afin d'éviter les recoupements d'un même produit promu simultanément dans plusieurs enseignes[1].

LES CARTES DE FIDÉLITÉ

Selon la Sofres, le nombre moyen de grandes surfaces alimentaires fréquentées par un ménage français atteint, en 2000, 3,1 enseignes fréquentées (mais le nombre potentiel d'enseignes s'est réduit suite aux rachats), ce qui place encore la France à un niveau élevé par rapport à l'Europe.

Chacun des ménages, par ailleurs, fréquente un magasin principal, c'est-à-dire un magasin de type GMS dans lequel le ménage dépense le plus d'argent, un magasin secondaire (celui qui le suit immédiatement en termes de dépenses), et enfin un magasin occasionnel.

---

1. Lire à ce propos : Claude Chinardet, *Le Trade Marketing*, chap. 3, Éditions d'Organisation, 1994.

La figure 1.15. classe les principales enseignes par fréquentation et réparties entre magasin principal, magasin secondaire et occasionnel.

Enseignes	Fréquentation	Magasin principal	Magasin secondaire	Magasin occasionnel
Leclerc	41,1	40	28	32
Carrefour	48,6	37	27	36
Intermarché	35,8	35,5	30,5	34
Auchan	29	37,5	24,5	38
Système U	16,6	42	27,5	30,5
Géant	12,4	28	26	46
Champion + Stoc	22,7	37,5	30	32,5
Monoprix	9,4	22	31	47

Figure 1.15. : Fréquentation des enseignes réparties entre magasin principal, secondaire et occasionnel (Source : Sofres distribution, 2001).

La baisse du nombre moyen de grandes surfaces alimentaires (GSA) fréquentées, ainsi que le recentrage sur les magasins principaux, a été renforcée par la loi Raffarin. En effet en restreignant très fortement le nombre de créations de magasins, elle a accru le potentiel de croissance des magasins à découvrir et à fréquenter sur une zone de chalandise.

Ainsi l'optimisation des m^2 existants s'est substituée à la course à la création de m^2 nouveaux. La distribution a redécouvert l'importance du client acquis. Ne pouvant gagner que difficilement de nouveaux clients consommateurs en ouvrant des magasins, la distribution s'efforce alors de capter toujours plus dans la part des achats des clients dans leurs magasins. On parlera de taux de nourriture ou de taux d'attachement.

La société Sécodip propose une méthode dans son « référEnseigne » pour comprendre et analyser chacune des composantes consommateurs de la part de marché de l'enseigne. Celle-ci dépend alors à la fois de son propre comportement et de celui de la concurrence.

Les composantes du comportement de l'enseigne recouvrent :

- La taille de la clientèle ou pénétration, qui correspond au pourcentage des ménages français ayant fréquenté l'enseigne au moins une fois au cours de la période considérée. La pénétration dépend, elle-même, du nombre de magasins de l'enseigne et du taux d'attractivité calculé sur la zone de chalandise des consommateurs. Les clients fidèles sont ceux qui dépensent plus de 50 %, dans l'enseigne considérée.

- L'indice de consommation, qui correspond aux sommes dépensées toutes enseignes confondues par les clients d'une enseigne, rapportées aux sommes dépensées en moyenne par les ménages. Les sommes dépensées par acheteur sont le résultat du nombre de visites au cours de la période considérée multiplié par le panier moyen.

- Le taux de nourriture ou d'attachement, déjà cité, définit la part de marché d'une enseigne chez ses clients.

Le comportement des enseignes de la concurrence s'analyse par :

- Les forces et faiblesses des concurrents sur certains rayons.
- La mixité de fréquentation entre enseignes.
- Les transferts, entre deux périodes, qui proviennent à la fois du solde du chiffre d'affaires perdu, gagné dans l'univers de

concurrence et de la variation de consommation provenant du dynamisme de l'enseigne ou des transferts en dehors de l'univers de concurrence.

Les figures 1.16. et 1.17., extraites des résultats RéférEnseigne Sécodip 2003, montrent ainsi que la pénétration augmente ou reste stable dans 7 enseignes sur les 13 listées alors que le taux d'attachement, ou taux de nourriture, progresse dans l'ensemble des enseignes. Ce qui montre bien les difficultés que rencontre la distribution à capter et à fidéliser de nouveaux clients consommateurs.

Enseignes	1997	1999	2003
Leclerc	57,0	57,9	56,2
Intermarché	56,7	55,8	50,0
Hard discounters	47,8	53,5	63,1
Carrefour	47,7	47,0	56,5
Auchan	35,6	40,4	38,5
Lidl			36,7
Système U	22,7	23,1	25,8
Géant	24,2	23,8	22,0
Champion	20,7	21,2	31,3
Atac	16,2	18,2	23,4
Leader Price			23,4
Cora	15,3	16,0	14,7
Monoprix	N.A.	19,6	17,6
Casino	12,4	10,5	17,5
Aldi			16,2

Enseignes	1997	1999	2003
Netto			15,9
Ed			13,7
Franprix			12,1
Match	5,1	5,1	5,0
Le Mutant			2,9

Figure 1.16. : Pénétration des enseignes
(Source : TNS Sécodip, comparaison 1997, 1999 et 2003).

Enseignes	1997	1999	2002
Leclerc	25,7	25,3	28,2
Système U	22,9	25,0	27,8
Intermarché	22,6	22,5	24,1
Carrefour	21,1	20,5	25,0
Auchan	20,7	22,2	23,5
Champion	17,0	17,0	22,2
Géant	14,3	14,2	14,8
Cora	14,4	15,7	19,8
Match	12,5	13,8	18,1
Atac	12,0	11,2	13,3
Casino	10,7	11,0	10,4
Monoprix	N.A.	8,0	11,8

Figure 1.17. : Taux d'attachement des enseignes
(Source : TNS Sécodip, comparaison 1997, 1999 et 2002).

Tout le challenge de la distribution consiste donc à accroître la
consommation des clients et à augmenter le nombre de clients fidèles. On sait, en outre, par Sofres Distribution, que le tiers des clients
fidèles d'un hypermarché, dont le magasin est le lieu d'achat principal, assure les trois quarts des ventes et la majorité des bénéfices.

Les objectifs des magasins sont donc de transformer leurs clients
consommateurs occasionnels en clients secondaires, leurs clients
secondaires en clients principaux, en particulier pour les supermarchés. Les écarts de chiffre d'affaires au m^2 s'expliquent par la capacité
de chaque enseigne à fidéliser ses clients consommateurs. En obser-
vant les différences entre les sommes dépensées sur ces trois types de
magasin, on comprend mieux cette frénésie.

Moyenne par type de surface	Magasin principal	Magasin secondaire	Magasin occasionnel
Moyenne hypermarchés	325 €	100 €	30 €
Moyenne supermarchés	290 €	109 €	22 €
Moyenne magasins populaires	245 €	95 €	15 €
Moyenne hard dicounters	217 €	116 €	23 €

Figure 1.18. : Sommes dépensées en moyenne
par format et type de magasin (Source : Sofres distribution 2000).

Nous observons une stagnation des sommes dépensées dans les
hypermarchés et les hard discounters et une augmentation de celles-
ci dans les supermarchés et les magasins populaires.

Le niveau de fréquentation d'une enseigne en tant que magasin principal, secondaire ou occasionnel permet alors de connaître non seulement le dynamisme d'une enseigne auprès de sa clientèle potentielle mais également le niveau de concentration de son chiffre d'affaires.

Dans la figure 1.19. le total des pourcentages de foyers clients des trois types de magasin fait 100 % dans chaque moyenne de format.

Type de magasin / Format	Magasin principal			Magasin secondaire			Magasin occasionnel		
	% de foyers clients	Part dans le CA	Panier moyen en euros	% de foyers clients	Part dans le CA	Panier moyen en euros	% de foyers clients	Part dans le CA	Panier moyen en euros
Moyenne hyper	36,0 %	75,5	72	27,0 %	17	50	37,0 %	7	30
Moyenne super	32,0 %	71	49	32,0 %	23	30	36,0 %	6	12
Moyenne magasin populaire	20,5 %	63	33	32,0 %	28	24	47,5 %	9	9
Moyenne hard discount	15,5 %	41	49	31,5 %	44,5	35	53,0 %	14,5	14

Figure 1.19. : Contribution par types de magasin
et par format des clients fidèles aux ventes (Source : Sofres 2000).

La fidélité au magasin, et donc à une enseigne, dépend de l'environnement (accès/proximité) pour 32,0 % et du respect des attentes « primaires » des clients consommateurs qui correspondent aux raisons de choix de fréquentation des magasins. En hypermarché, et toujours d'après la Sofres, parmi les raisons de fréquentation du magasin principal, on citera dans l'ordre : les prix et promotions pour 42,0 %, les produits pour 28,0 %, le merchandising pour 25,5 %, le service pour 10,5 %, enfin le personnel pour 4,5 %.

Mais le choix d'une enseigne tient aussi à des raisons de confort comme un magasin bien tenu, sans rupture de stock… ou à l'application de la promesse d'une enseigne, comme par exemple la présence assurée de produits frais. Ce qui n'exclut en rien la compétitivité prix ou l'absence de rupture de stock. La fidélité dépend également de tout ce qui peut être fait pour capter et conserver l'intérêt des clients consommateurs pour un magasin et donc une enseigne : principalement les cartes de fidélité ou tout autre technique de marketing direct exploitant les données clients consommateurs.

Au départ, les cartes étaient réservées au paiement à crédit. Puis sont apparues les véritables cartes de fidélité essentiellement dans les supermarchés.

L'objectif de ces cartes est de faire consommer davantage. Un détenteur de carte dépenserait de 20 à 40 % de plus qu'un non-détenteur − chacune des cartes attribue un nombre de points, en fonction de l'importance des achats. Ces points donnent droit principalement à une baisse du prix unitaire − ce qui intéresse particulièrement les grandes marques pour faire chuter le prix de vente consommateur unitaire dans le cadre de la loi Galland −, ou à une prime de fidélité à choisir dans un catalogue.

Les caractéristiques du fonctionnement de chacune de ces cartes seront détaillées dans le cadre des fiches d'identification de chacune des grandes enseignes alimentaires, que l'on trouvera à la fin de cet ouvrage.

Par ailleurs, les avantages de ces cartes de fidélité sont classiques pour la distribution. Elles permettent d'influencer le comportement des clients consommateurs et donc de pousser leurs achats dans le magasin de l'enseigne concernée. De plus, comme toute technique de marketing direct, la carte est un moyen d'identifier et donc de mieux connaître le comportement des détenteurs de carte. Cela permet d'optimiser l'offre en magasin et de mesurer l'impact des opérations promotionnelles.

De même, la carte est un outil pour développer avec ses clients consommateurs une relation particulière en leur adressant par courrier et à leur adresse personnelle, des offres correspondant à leur goût.

Enfin, rappelons que ces techniques de fidélisation visant à augmenter le taux de nourriture concernent essentiellement les clients existants, et non pas les non-clients ou clients très peu fidèles. De plus, ces techniques avec leurs primes et leurs programmes de fonctionnement coûtent cher. L'effet fidélisant ne sera rentable qu'avec des cartes différenciées, correspondant au positionnement de l'enseigne, ce qui est encore loin d'être acquis.

En 2003, 88 % des foyers possèdent au moins une carte fidélité magasin avec une moyenne de 2,8 cartes possédées. Les programmes de fidélité se hissent à la quatrième place des éléments déterminant de la fidélité d'un consommateur à un magasin après le bon rapport qualité-prix, la proximité et le long choix de produit. Les principales cartes possédées sont, dans l'ordre : Leclerc (32 %), Pass de Carrefour (22 %), Intermarché (22 %), Iris de Champion (20 %) et Auchan (17 %). Les consommateurs considèrent cependant que les avantages proposés dans une carte de fidélité sont encore insuffisants, la perception d'un manque de personnalisation restant forte. Les principales cartes avec date de création et nombre de porteurs sont les suivantes :

Enseignes	Date	Cartes	Porteurs
Carrefour	1981	Pass	2,5 M
Auchan	1883	Accord	1,6 M
Géant	1992	Géant	0,6 M
Cora	1996	Cora	0,3 M
Casino	1997	Club avantages	1,6 M
Champion	1996	Iris	5 M
Atac	1995	Atac	1,2 M
Système U	1996	Carte U	2,3 M
Leclerc	1999	E. Leclerc	6,0 M

On peut citer également, comme outil de fidélisation, les bornes interactives qui améliorent l'accueil des clients en les informant des promotions ou le couponing électronique *via* le système Catalina, qui distribue des coupons de réduction en fonction des achats des clients.

L'IMPORTANCE DES IMAGES INDUITES

Le positionnement de chacune des enseignes, illustré par la politique de communication et de promotion – prospectus, hors média en magasin et les cartes de fidélité –, produit chez le consommateur des images qui sont également influencées par les politiques d'offre magasin.

L'image mesure donc bien les réelles différenciations des enseignes.

La société Sofres Distribution analyse depuis 1985 l'image des principales enseignes auprès de leurs clients consommateurs au travers
d'items. Pour cela, Sofres Distribution enquête annuellement auprès
d'un échantillon de 10 000 ménages, élargi à 20 000 ménages depuis
1997. La figure 1.20. donne les résultats de l'enquête 2002 sur le
classement de l'image des cinq enseignes d'hypermarchés et des dix
enseignes de supermarchés.

Image hypermarchés 2002	Auchan	Carrefour	Cora	Géant	Leclerc
Prix	7	3	4	5	1
Promotion	2	3	4	5	1
Publicité	2	3	4	5	1
Prospectus	2	1	4	5	3
Informations	2	3	4	5	1
Choix	1	2	3	5	4
Qualité	1	2	3	5	4
MDD	3	2	4	4	6
Accueil	1	3	2	4	6
Service	2	3	1	4	5
Plaisir de faire ses courses	1	2	2	5	4
Rapidité	2	4	4	2	1

Image supermarchés 2002	Inter	Champion	Système U	Casino	Atac	Leclerc
Prix	2	8	9	10	6	1
Promotion	3	4	2	6	5	1
Publicité	4	3	1	6	5	2

Image supermarchés 2002	Inter	Champion	Système U	Casino	Atac	Leclerc
Prospectus	4	3	2	5	5	1
Informations	6	5	2	3	3	1
Choix	7	4	2	3	6	1
Qualité/fraîcheur	7	3	1	2	6	4
MDD	4	3	2	6	5	1
Accueil	9	7	8	5	10	6
Service	8	8	7	6	10	5
Plaisir de faire ses courses	6	3	1	5	6	2
Rapidité	2	3	1	6	4	5

*Figure 1. 20. : Classement de 1 à 10 de l'image des enseignes
d'hypermarchés et de supermarchés auprès de leurs clients
(Source : Sofres distribution 2002).*

Cette étude montre que Carrefour et Auchan ont les meilleures images auprès de leurs clients consommateurs tous items confondus ; Carrefour sur onze des dix-sept items listés. Auchan obtient particulièrement de bons scores sur le choix, les promotions, l'accueil, le repérage et le personnel ; Leclerc sur l'euro, les prix et, dans une moindre mesure, sur les promotions, ce qui risque de lui poser un sérieux problème de différenciation dans le cadre de la loi Galland. Or, on sait que les enseignes qui obtiennent de bons taux de fidélité de leurs clients consommateurs, ou plus précisément des bons taux d'attractivité, sont celles qui ont un avantage concurrentiel substantiel sur un des paramètres du marketing mix. Les images plates fidélisent plus difficilement.

LE RÔLE DE L'OFFRE MAGASIN

L'offre est toujours plus étoffée avec davantage de références en PGC + FLS.

Enseignes	Nombre de références	Évolution 2004/1997
Hypermarchés	17 731	+ 40 %
Supermarchés	9 155	+ 36 %
Hard discount	1 414	+ 58 %

Figure 1.21. : Évolution du nombre de références (Source : AC. Nielsen).

Les concepts des magasins évoluent. Les grandes surfaces françaises, fortes des habitudes de consommation alimentaire, ont toujours donné une part importante aux produits frais.

Rayons	Hypermarchés	Supermarchés
Épicerie	14,2 %	18,8 %
Liquides	10,0 %	14,0 %
DPH	10,2 %	10,2 %
Frais LS	20,2 %	27,2 %
Frais traditionnel	14,6 %	21,1 %
Bazar	22,6 %	5,9 %
Textile	8,2 %	1,8 %

Figure 1.22. : Poids des rayons (Source : A.C Nielsen).

Il est vrai que les marges dégagées sur ces rayons sont nettement plus importantes que sur les produits de grande consommation (épicerie, liquides, hygiène-beauté). Là encore, la loi Galland pourrait modifier les choses surtout pour les discounters qui auront probablement tendance à baisser les prix de vente de ces rayons pour conserver une image prix.

Mais à l'aube du xxie siècle, la grande mutation qui semble se jouer est celle concernant les politiques de merchandising. Des groupes comme Carrefour travaillent et testent (à Bercy, Épinal, Pontault-Combault, La Rochelle) des concepts « Univers de consommation » dont l'objectif est de mieux prendre en compte la logique du client dans son acte d'achat pour lui proposer une offre structurée en univers ou catégorie. Ainsi, on regroupe dans un même espace des produits destinés à un même usage (cuisine), à une même activité (sport, loisir), à une même personne (le bébé), à une même situation de consommation (le petit-déjeuner), à une même fonction de consommation (grignoter ou se désaltérer), etc.

Ces univers de consommation semblent trouver leur logique en non alimentaire, mais cette logique peut-elle s'appliquer de manière systématique à l'alimentaire avec des produits achetés toutes les semaines et non plus épisodiquement ? À ce niveau, la participation de l'industriel peut se révéler d'un apport efficace. Citons par exemple l'espace bébé chez Carrefour, en partenariat avec Blédina. Avant Carrefour, Cora, Géant et bien d'autres, c'est le Hollandais Albert Heijn qui, le premier, a travaillé les univers de consommation avec son plan circulaire, son allée des prix bas, ses rayons traditionnels en étoile, son espace central baptisé « l'Aventure » où les clients peuvent déguster un café, commander un plat exotique à emporter et les enfants regarder une cassette vidéo.

Carrefour lance en 2000 la refonte de ses rayons alimentaires et dro-gueries-parfumeries-hygiène (DPH) selon un nouveau concept dans les magasins de Pau, de Montesson, de Saint-André-les-Vergers, de Toulon et de Vénissieux. L'agencement des rayons a été totalement repensé pour répondre à l'une des plus fortes exigences des clients, à savoir gagner du temps (de cinquante minutes à une heure trente, avec une fréquence d'achat d'une fois tous les quinze jours à une fois tous les six jours) ; les équipes de Carrefour ont ainsi formalisé ce qu'elles appellent « la logique du placard », rituel qui veut qu'avant de rejoindre leur grande surface, chacun ouvre successivement le réfrigérateur, le congélateur, le lieu de rangement des produits secs et celui des produits d'entretien, pour voir ce qui manque. Aussi, pour s'adapter à cette logique, désormais le fromage à la coupe est à côté du libre service ; de même, les surgelés de poisson sont dissociés du banc de marée et les jus de fruits sont séparés du rayon des boissons. Parallèlement, les produits lourds et encombrants comme les liquides, les paper products, les lessives, etc. sont placés en début de parcours dans le magasin pour éviter d'écraser dans le chariot les produits fra-giles comme le frais.

À l'extérieur de l'allée centrale, un pôle restauration est installé ; Carrefour, enfin, met l'accent sur les métiers du charcutier et du boucher, en réinventant la boutique de proximité.

Le design des magasins change et tranche avec celui des usines à ven-dre, magasins entrepôts d'hier. Les magasins cherchent à renforcer l'attractivité des rayons tout en travaillant leur positionnement sur la gamme de produits qu'ils proposent. Ils ont ainsi de plus en plus recours à une signalétique avec affichage assisté par ordinateur, à une conception de plus en plus qualitative de mobilier et à un éclairage adapté.

LA PLACE DES MARQUES DE DISTRIBUTEURS (MDD)

Jusqu'en 1997, les marques de distributeurs, en France, ont été à la fois freinées par l'essor des produits premiers prix et aidées dans leur développement par la marge commerciale accrue que ceux-ci génèrent.

	Coût d'achat	Prix de vente	Marge commerciale
Marque 1	100	100/112	0/12
Marque 2	87 / 95	98/100	11/15
MDD	60/70	80/95	20/25
1er prix	55/60	60/75	5/15

Figure 1.23. : Structure des marges commerciales en %
(Source : SG Warburg Sec).

On constate une reprise des marques de distributeurs depuis 1997, due à un rétrécissement des écarts de prix de vente consommateur avec les marques nationales.

La figure 1.24. indique l'évolution des parts de marché en valeur des marques de distributeurs de 1999 à 2003 sur les produits de grande consommation et le frais libre-service.

Année	Part de marché en valeur
1999	21,8
2000	22,6
2001	23,7
2002	24,3
2003	24,4

Figure1.24. : Évolution des marques de distributeurs
en part de marché en valeur de 1999 à 2003 (Source : Nielsen).

Les marques de distributeurs ne sont pas toutes logées à la même enseigne. La figure 1.25. détaille le poids en valeur des marques de distributeurs par enseigne. Celui-ci va, en 2003, de 30,8 % chez Intermarché à 20,7 % chez Cora.

Enseignes	1998	2003
Intermarché	28,9	30,8
Carrefour	23,0	26,6
Auchan	15,2	25,1
Système U	20,6	23,9
Champion	21,7	23,2
Casino	23,4	22,4
Leclerc	16,9	21,0
Cora	17,3	20,7

Figure 1.25. : Part de marché des marques de distributeurs en valeur de 1999 à 2003 par enseigne (Source : Nielsen).

Cependant, le niveau des parts de marché des marques de distributeurs, en France, n'est pas à la hauteur de celui des autres grands pays européens, comme l'Angleterre ou l'Allemagne. Ceci s'explique, entre autres, par un meilleur partenariat entre distributeurs et producteurs, et un accès à la publicité télévisée chez nos voisins. La loi Galland donne aux marques de distributeurs leur véritable rôle dans le mix des enseignes : véhiculer la différenciation, jouer à la baisse sur le prix consommateur donnant ainsi à l'enseigne une image de discounter. Mais c'est alors prendre le risque pour un industriel de voir baisser dangereusement sa marge sur les marques de distributeurs. Celle-ci devra alors être compensée par une plus grande marge arrière acquise grâce aux marques nationales.

La loi Galland permet aussi de jouer sur les autres paramètres du mix en apportant de la valeur ajoutée aux marques de distributeurs avec de meilleurs packagings, une communication plus adéquate et des choix thématiques : sur le terroir, « Reflets de France » chez Carrefour, « Savoir d'autrefois » chez Casino, « Nos régions ont du talent » chez Leclerc, « Savoir des saveurs U » chez Système U, etc. ; sur l'exotique, « Destination saveurs » chez Carrefour, « Saveurs d'ailleurs » chez Casino, « Initiation au voyage » chez Auchan, « Table du monde » chez Leclerc, etc. ; sur le bio (Carrefour bio, Bio village chez Leclerc, Natège chez Intermarché, etc. ; sur le haut de gamme, « Escapades gourmandes » chez Carrefour, « Palmarès » chez Casino, « Gourmet » chez Monoprix, etc.

Encore faudra-t-il que toutes les enseignes se donnent les moyens de leurs ambitions en équipes produits et en marketing !

Quoi qu'il en soit, les deux approches font basculer les marques de distributeurs d'une logique économique à une logique marketing. Fini le temps du clonage des marques nationales leaders ou produits *me too* entraînant des conflits bien compréhensibles entre les deux parties, fini aussi celui des simples cahiers des charges marketing orientés marché. Bienvenue aux véritables recherches marketing produit des marques de distributeurs construites à partir du positionnement et de la différenciation de l'enseigne, et prenant en compte un réel savoir-faire industriel et les nombreux coûts liés aux études, aux tests qualité et à la communication.

L'évolution de la distribution – avec davantage d'information avec les fournisseurs, des positionnements aussi précis des enseignes que ceux des marques, une communication média et promotionnelle avec prospectus renforcée, le développement des cartes de fidélité et des marques de distributeurs – a pour conséquence une plus grande expertise marketing des enseignes avec son corollaire pour des achats qui sont obligés de tenir compte des recommandations de leur service marketing enseigne.

Le compte clé ainsi aura des dossiers de négociations de plus en plus sophistiqués à gérer.

Les Nouvelles Régulations Économiques

Les textes de la loi sur les NRE du 15 mai 2001 précisent dans leurs articles 51, 53 et 56 :

- Le délai de règlement, mentionné sur facture, qui est fixé au trentième jour suivant la date de réception des marchandises, sauf dispositions contraires figurant aux conditions de vente ou convenues entre les parties.

- L'interdiction pour l'acheteur d'obtenir un avantage ne correspondant à aucun service rendu, ou disproportionné au regard de la valeur du service rendu, ou encore d'abuser de la relation de dépendance, enfin de rompre brutalement une relation commerciale établie.

- La nullité des contrats prévoyant la possibilité de bénéficier rétroactivement de remises, ristournes ou d'accord de coopération commerciale.

La circulaire Dutreil

Une des conséquences de la loi Galland a été l'accroissement des marges arrière, mesurées entre autres, depuis fin 2001, par l'Observatoire des marges arrière. La recommandation ANIA/FCD de stabilisation des marges arrière ne s'étant traduite dans les négociations 2003 que par une décélération de 1 à 1,5 point de dérive par rapport à 2002 au lieu des 3 points habituels, la circulaire Dutreil est sortie le 16 mai 2003.

Les principaux objectifs de cette circulaire interprétative de la loi Galland sont les suivants :

- réintroduire une souplesse dans la négociation commerciale ;
- réintroduire la concurrence entre les fournisseurs ;
- réduire les marges arrière de 1 à 2 points au bénéfice des consommateurs.

La circulaire introduit le principe de différentiation tarifaire autour des 3 techniques suivantes :

- en fonction des demandes des distributeurs : modalité de livraison, de conditionnement, de stockage ou de règlement ;
- en fonction des acheteurs – grossistes, détaillants, etc. ;
- au travers des Conditions Particulières de Vente (CPV) concept introduit par la circulaire.

L'objectif des CPV est d'augmenter la part des coopérations commerciales sur facture pour abaisser le Seuil de Revente à Perte (SRP) et donc augmenter les rémunérations sur l'avant. Dans ce cas, ces remises (exemple : centralisation des factures, conditions de livraison, conditions de stockage, etc.) sont acquises au moment de la négociation. Dans le cas contraire, c'est une remise arrière ou différée (comme les remises de fin d'année) qui n'impacte pas le SRP. Le fournisseur peut également se baser sur les Conditions Générales d'Achat des Distributeurs (CGA) pour alimenter ses CPV en introduisant des pénalités de retard, par exemple.

Les CPV – qui permettent donc aux fournisseurs de pratiquer une différentiation tarifaire au-delà des Conditions Générales de Vente (CGV) en tenant compte de la spécificité de la relation commerciale – doivent reposer sur des critères objectifs, communicables à tout acheteur qui sollicite des conditions comparables. En revanche, les accords particuliers qui en sont le résultat ne sont pas communicables. Enfin, les CPV doivent respecter les articles L. 420-1 et suivants du Code du commerce sur les pratiques anticoncurrentielles et, notamment, les accords de gamme qui ne doivent pas limiter l'accès au marché d'autres entreprises.

Par ailleurs, la circulaire :

- rappelle que les Conditions Générales de Vente sont la porte d'entrée de la négociation commerciale car elles assurent la transparence de l'offre, et qu'un acheteur ne peut imposer ses conditions d'achat dans la relation avec le fournisseur sous peine d'être condamné pour abus de puissance d'achat (article L. 442-6 du Code de commerce).

- opte pour une définition plus stricte de la coopération commerciale, puisque celle-ci ne doit viser désormais que les services détachables des opérations d'achat-vente qui sont de nature à stimuler la revente de produit auprès des consommateurs. Enfin, la circulaire rappelle que les avantages sollicités ne doivent pas être disproportionnés par rapport à la valeur du service rendu.

Les résultats obtenus à date après les Négociations 2003/2004 semblent être :

- la mise en place des Conditions Particulières de Vente (CPV) conditionnelles, donc sans conséquence sur la baisse du Seuil de Revente à Perte (SRP) des marchandises.

- la régression du poids des coopérations spécifiques (type statistiques, logistiques, paiement centralisé, etc.) dites « mortes » au profit du développement de la revente consommateur au niveau des nouveaux instruments promotionnels (tickets, cartes de fidélité, lots virtuels, etc.) que nous étudierons au chapitre 4.3.3.

CHAPITRE 2

Négocier avec le distributeur : qui chez l'industriel ?

*La limite idéale vers laquelle tend la nouvelle organisation du travail
est celle où le travail se bornerait à cette seule forme de l'action : l'initiative.*

J. FOURASTIÉ

Après avoir analysé le contexte chez l'industriel et chez le distributeur, il est utile maintenant de décrire les fonctions et le profil du compte clé.

Existe-t-il, par exemple, des différences d'importance entre chiffre d'affaires de l'entreprise telles qu'elles peuvent influencer sur l'organisation et donc sur le profil du négociateur ?

Quelles sont, par ailleurs, les relations du compte clé avec les partenaires, tant avec les autres départements de l'entreprise qu'avec ses partenaires extérieurs que sont les prestataires de service comme les sociétés d'études ou les agences de promotion, de trade marketing ou de merchandising ?

1. L'évolution de la fonction du compte clé

La fonction du compte clé a évolué en fonction de l'état des relations distributeurs-industriels. On peut distinguer trois étapes principales :

La période 1960/1980

Il y a trente-cinq ans, Carrefour inaugurait son premier magasin à Sainte-Geneviève-des-Bois. À cette époque, l'industriel avait tout pouvoir. La distribution française restait très atomisée et ne s'était pas encore organisée. Les coopérateurs en représentaient encore 20 %.

L'industriel, grâce à ses nouvelles marques lancées à grand renfort de publicité télévision, à partir du 12 octobre 1968, utilisait toutes les nouvelles techniques du marketing et assurait ainsi le développement de très nombreux nouveaux marchés. Fort de ses réussites, il imposait ses vues au distributeur tant en référencement qu'en visibilité et accessibilité, au bénéfice de ses marques et produits dans les magasins.

À cette période, la fonction du compte clé n'existait pas.

C'est l'équipe commerciale, coiffée d'un directeur des ventes, et divisée en régions territoriales, qui était en charge des négociations avec les distributeurs. Le directeur des ventes s'occupait des quelques négociations nationales, mais l'essentiel passait par les directeurs régionaux qui commercialisaient les marques et produits, présentées au travers d'un tarif, bien souvent quantitatif, et d'un marketing bien ficelé.

La période 1980/1996

Le pouvoir a changé de camp, la distribution s'est organisée et impose à son tour ses vues à l'industriel. Pour ce faire, elle utilise, au grand contentement des gouvernements qui cherchent à maîtriser l'inflation, le paramètre prix, quel que soit le positionnement de son ou de ses enseignes. Dans cette bataille, les indépendants ont un rôle moteur par rapport à la pression concurrentielle. C'est l'époque du non-respect des accords industrie/commerce, de la vente à perte. L'ensemble de la distribution s'aligne sur le prix le moins cher observé. On assiste à une détérioration lente mais réelle des marges aussi bien des distributeurs que des fabricants.

Pour faire face à des distributeurs qui se rachètent entre eux (Ruche Picarde par Docks de France, Euromarché ou Montlaur par Carrefour, Genty Cathiard par Rallye, etc.) ou qui s'organisent en super centrales (Arci, Socadip et Paridoc), l'industriel crée alors la fonction du compte clé national puis régional, en charge d'un ou plusieurs clients. Le compte clé présente les tarifs, négocie les remises sur facture et hors facture, répond aux offres promotionnelles, joue au pompier de service, avec l'aide de sa force de vente, pour éteindre les incendies de prix de vente consommateur constatés dans les zones de chalandise. C'est l'époque du Panel International, ex Panel de gestion, filiale de Nielsen, qui, en relevant tous les prix de vente des consommateurs par magasin, cautionne en quelque sorte l'attitude de la distribution. Celle-ci convoque l'industriel pour lui demander des explications sur tel prix observé dans tel magasin, et exiger encore et toujours de nouvelles compensations financières. C'est l'époque où un tiers du temps des forces de vente des industriels est consacré à la remontée des prix de vente consommateurs, par l'intermédiaire du relevé des tickets de caisse. C'est enfin l'époque du jeu à somme nulle où l'industriel calcule aussi ses augmentations de tarifs en fonction des deux tiers du budget qu'il sera obligé de redonner au distributeur sous forme de dérive commerciale.

À partir du 1ᵉʳ janvier 1997

L'application de la loi Galland a comme conséquence directe l'augmentation des marges des distributeurs. Elle déplace en effet le champ de la négociation du prix de vente consommateurs vers les prestations services des distributeurs. Ces services traduisent en fait le positionnement marketing du distributeur avec les classiques quatre P du marketing mix.

Aussi la relation industrie/commerce gagne en maturité. Chaque partie comprend qu'elle a besoin de l'autre et peut rechercher la source des gains mutuels. Le compte clé, même si le titre ne se modifie pas partout, devient dans son principe davantage un responsable d'enseigne. Sa fonction ne se limite plus à la négociation pour la négociation. Il va y ajouter la connaissance de son client et la capacité à lui proposer une offre marketing concernant le produit, la promotion ou le service logistique correspondant à sa propre stratégie.

Des questions se posent alors :

Le compte clé a-t-il la capacité de travailler en équipe avec les autres départements de son entreprise comme le marketing et le département logistique ?

A-t-il la volonté d'optimiser ses offres dans les magasins en travaillant toujours mieux avec la force de vente, ainsi que les résultats d'investissements toujours plus importants (voir au chapitre 5) ? La demande du distributeur correspond-t-elle à sa propre stratégie de marque ou d'entreprise ?

2. De la PME à la multinationale : 3 types d'organisation

La structure commerciale d'une PME (10 à 100 millions d'euros) est bien souvent minimale.

La plupart du temps elle se limite à un directeur commercial (qui peut être aussi le directeur général) assisté d'une équipe de vente terrain et d'une administration des ventes bien souvent réduite à une ou deux personnes. Dans ce cas, c'est le directeur commercial qui s'occupe directement des négociations avec les centrales nationales. Dans le meilleur des cas, il pourra être assisté d'un compte clé junior qui préparera les dossiers, négociera les plans promotions et suivra l'activité avec les différentes centrales d'achat.

Dès que l'on approche des 100 millions d'euros, deux types de structure se rencontrent.

En effet, l'évolution de la relation multifacettes entre l'industriel et le distributeur conduit alors, dans ce cas, à proposer deux types d'organisations chez l'industriel.

La première semble avoir convaincu aujourd'hui bon nombre d'industriels. Elle repose sur une triple direction, comme le montre la figure 2.1., à savoir une direction marketing produits/marques, une direction commerciale, et enfin une direction marketing clients ou distribution.

La seconde, illustrée dans la figure 2.2., met l'accent sur des équipes multifonctionnelles par enseigne, avec l'émergence du directeur d'enseigne et des business units.

Cette seconde organisation, plus proche encore du category management en enseigne, pose un certain nombre de difficultés dans sa mise en place aujourd'hui chez l'industriel, mais constitue sans aucun doute un objectif organisationnel pour les années à venir.

La structure avec une direction tricéphale a l'avantage de ne pas trop modifier le rôle et l'acquis de l'équipe marketing produits/marques, d'une part, et de l'équipe commerciale, d'autre part. Elle prépare le savoir et le savoir-faire des équipes de demain par l'intégration d'une nouvelle fonction avec la direction marketing clients ou distribution. Intitulée encore trade marketing ou, nouvellement, ECR (Efficient Consumer Response), c'est la structure de l'initiation au category management.

Quelles peuvent être ses fonctions ?
- Elle est à l'écoute des besoins et des attentes des enseignes.
- Elle met en place un système d'information avec base de données.
- Elle élabore puis suit par enseigne les revues, les plans opérationnels, les prévisions et les comptes d'exploitation.
- Elle définit les assortiments optimums et le merchandising avec les centrales nationales et régionales.
- Elle coordonne et gère les opérations spécifiques par enseigne : produits promotionnels spécifiques, conditionnements spécifiques, trade promotion, marques de distributeurs, etc.
- Elle organise et coordonne les travaux de partenariat comme la logistique, l'échange de données informatiques, l'Efficient Consumer Response, la qualité, etc. En travaillant ainsi, l'industriel a des chances de devenir le pilote de la catégorie, c'est-à-dire l'industriel sur lequel le distributeur peut s'appuyer pour sa connaissance du marché.

La direction marketing clients ou distribution a pour mission, en coordination avec les responsables clientèle ou comptes clés, de servir d'interface entre les distributeurs et les équipes internes de l'industriel : production, logistique, études, marketing, ventes, finances et systèmes d'information.

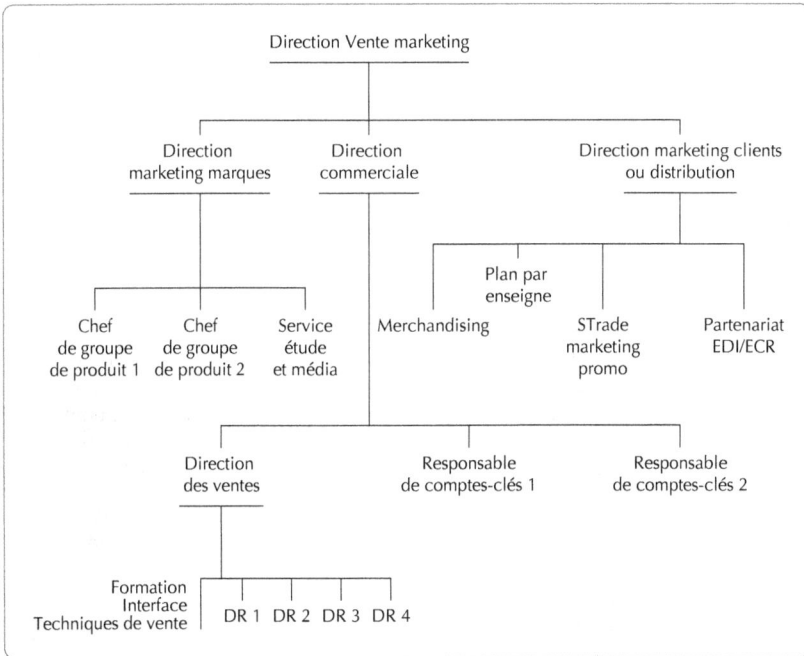

*Figure 2.1. : La direction tricéphale
ou l'initiation au category management chez l'industriel.*

La tendance, au début des années 2000, est de créer une direction des comptes clés plutôt qu'une direction des ventes dont le nombre de directeurs régionaux diminue. Cette direction est elle-même placée, avec plusieurs comptes clés en fonction du chiffre d'affaires de l'entreprise, sous la responsabilité de la direction commerciale. Quoi qu'il en soit cette direction tricéphale a des avantages et des inconvénients que l'on peut matérialiser de la façon suivante :

AVANTAGES	INCONVÉNIENTS
Une équipe opérationnelle au service des clients (les enseignes) est mise en place.	Le risque conflictuel avec les responsables de comptes clés nécessite un arbitrage permanent.
Les responsables comptes clés sont déchargés de tout ce qui n'est pas lié à l'achat des marchandises et à la réalisation des 100 % de DN/DV.	Un dérapage budgétaire est possible aux travers des trade promotions.
Petit à petit, l'équipe commerciale/force de vente et direction comptes clés est formée à l'esprit marketing clients.	La direction commerciale prime sur la direction marketing clients en interne. (L'effet volume à court terme l'emporte sur la vision clientèle à moyen terme.)
	La communication entre les responsables de comptes clés avec la force de vente n'est pas optimale.

La structure à équipes multifonctionnelles par enseigne est une organisation où le category management s'exprime complètement. Aussi on préférera ici le terme de responsable ou de directeur d'enseigne à celui de compte clé ou responsable de clientèle. Chaque directeur d'enseigne se voit alors attribuer une ou plusieurs enseignes. Il est responsable du chiffre d'affaires et du profit réalisé au travers de son ou ses clients, comme un chef de marque l'est au travers de sa marque. Le directeur d'enseigne intègre le distributeur très en amont allant jusqu'à la conception même du produit, la gestion de marques spécifiques à certaines enseignes, les promotions trade sur mesure ou conjointes.

Chaque directeur d'enseigne, assisté de comptes clés et/ou de trade merchandisers, assure alors la fonction achats/ventes en totalité :

- Il élabore et suit les revues, les plans, les prévisions, les profits des enseignes dont il a la responsabilité.
- Il négocie les accords classiques et les plans promotionnels.
- Il détermine les assortiments, les plans merchandising et les opérations spécifiques par enseigne (produits et trade promotions).
- Il communique les accords à la force de vente, qui les fait optimiser au point de vente.
- Il anime et gère les dossiers de partenariat avec les équipes pluridisciplinaires.

Le profil du directeur d'enseigne et la composition de son équipe dépendent alors du type d'enseigne dont il a la charge : Leclerc n'est pas Casino et vice versa.

De plus, et contrairement à la structure précédente, le directeur d'enseigne peut prendre la responsabilité d'une partie territoriale de la force de vente. Ainsi par exemple, s'il a la responsabilité de Casino, il pourra diriger la force de vente régionale du sud de la France correspondant à l'implantation particulière de Casino.

```
                        Direction Vente marketing

        Direction              Services              Direction
    marketing marques      Support formation     commerciale enseigne
                          systèmes d'information

   Chef       Chef     Service étude      Directeur            Directeur
de marque 1  de marque 2  et média       d'enseigne 1          d'enseigne 2

                   Région  Comptes-clés  Trade  Merchandising  Partenariat
```

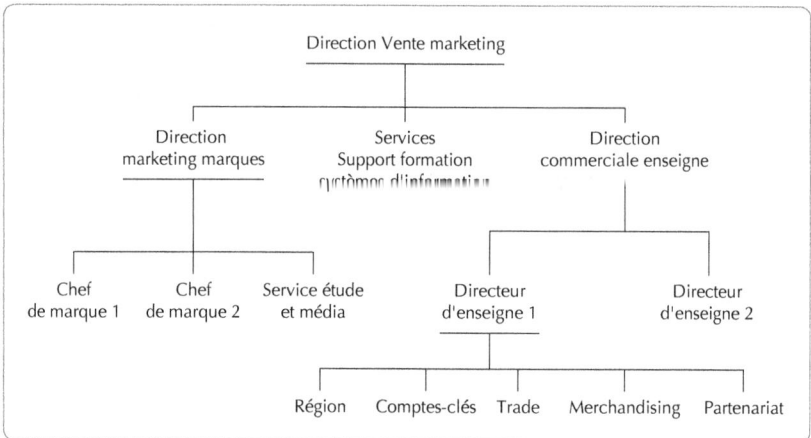

Figure 2.2. : L'organisation par direction d'enseigne.

Bien sûr, il y a également, dans cette organisation, des avantages et
des inconvénients.

AVANTAGES	INCONVÉNIENTS
Responsabilité complète de la fonction.	Profil encore peu répandu sur le marché français, mais complémentarité possible avec le responsable de comptes clés et le trade merchandiser.
Pluridisciplinarité de la fonction.	Nécessité de création d'un petit service support pour la formation, les modèles merchandising, les techniques de vente, etc.
Constitution d'un vivier de jeunes à fort potentiel.	Mise en place difficile de la fonction avec responsabilité opérationnelle d'une partie de la force de vente.
Implication croisée enseigne/magasin.	

Enfin, la direction commerciale aura pour rôle d'élaborer la stratégie commerciale par enseigne, d'arbitrer d'une façon permanente entre les différentes enseignes, et de faire optimiser sur le terrain les accords et opérations négociées.

Il existe, bien sûr, presque autant de variantes d'organisation qu'il y a d'industriels, sachant que celles-ci sont plus ou moins tournées vers la structure compte clé/direction marketing client ou distribution ou vers la structure de direction d'enseigne.

Le profil du compte clé ciblé par direction d'enseigne

Il est maintenant utile de définir le profil d'un compte clé dans une optique de directeur d'enseigne. Homme ou femme, ce compte clé est diplômé de l'enseignement supérieur (bac + 4 ou 5). Il a eu auparavant un parcours commercial de chef de secteur et chef de vente auquel il a pu ajouter l'expérience du merchandising ou mieux du marketing comme chef de produit. Son âge est variable, de 30 à 50 ans. Si un industriel a plusieurs comptes clés, il sera intéressant de faire varier les profils en termes d'âge, un jeune, donc probablement plus agressif, avec un plus âgé, donc plus mûr et bénéficiant d'une grande expérience et d'un plus grand recul. Bien sûr le compte clé type directeur d'enseigne aura une expérience plus marquée en marketing, voire en logistique, que son homologue le compte clé. Les deux maîtrisent la micro-informatique : Word, Excel, Powerpoint, Internet… et parlent couramment l'anglais.

Tous deux auront une solide résistance au stress, le goût de la négociation et du contact, de grandes qualités d'écoute et de communication. Ils auront l'art d'aller à l'essentiel en faisant la synthèse des souhaits contradictoires exprimés par les uns et les autres. Ils feront preuve de qualités d'analyse, d'audit des performances des actions engagées. Ils seront à 50 % dans le mental et l'analyse, et à 50 % dans la spontanéité et le côté extraverti du commercial type. Plus leur fonction ira vers le directeur d'enseigne, plus leur capacité d'analyse, de synthèse, d'élaboration, de construction voire d'imagination devra être importante ; plus ils seront à l'écoute, plus ils sauront travailler en équipe et rechercher les gains mutuels. Plus leur fonction sera limitée au compte clé traditionnel, plus ils devront faire appel à des qualités de surfeur dans le conflictuel et de gestionnaire de stress.

Dans les deux cas, ils doivent apparaître crédibles aux yeux de leurs pairs dans l'entreprise et fiables à ceux du distributeur. Cette fiabilité revêt de multiples aspects : tout d'abord le respect des livraisons en quantités et à heure prévue, des rendez-vous pris mais aussi de la parole donnée et des engagements. Rien de pire pour un distributeur en centrale d'achat que d'avoir à traiter avec un commercial insuffisamment fiable et responsable. Si le compte clé n'a pas l'autonomie nécessaire pour prendre des décisions, en commission par exemple, sans en référer à sa hiérarchie, alors autant traiter avec cette hiérarchie, pensera-t-il. Que dire d'un compte clé dont les positions sont bafouées par sa direction ? Que penser d'un compte clé dont les arguments sont indéfendables et qui est mis en défaut par la connaissance de son propre acheteur sur les niveaux différents et injustifiés de remise sur facture ou de prestations de service entre deux enseignes ?

Un dernier trait de caractère du compte clé typé directeur d'enseigne est bien sûr de savoir développer, sans trop d'apparat, son tissu relationnel dans chacune des enseignes dont il a la charge. Mais le repas d'affaires a laissé la place, la plupart du temps, à des marques de sympathies relationnelles beaucoup plus feutrées. Le jour où c'est l'acheteur qui appelle le compte clé pour lui demander des renseignements sur son marché, c'est alors gagné pour le compte clé.

3. L'interface avec les partenaires internes à l'entreprise

Il est tout d'abord nécessaire de rappeler les principales missions des départements marketing, force de vente, logistique et contrôle de gestion et/ou administration des ventes.

Le marketing

Le rôle du marketing est double : tout d'abord, il doit créer ou entretenir le capital d'une marque grâce à l'innovation produit et à la communication au sens large. À cet égard, il doit apporter sans cesse au consommateur une valeur ajoutée pour justifier l'écart de prix vis-à-vis des marques de distributeurs ou premier prix.

Ensuite, sur le plan opérationnel et quotidien, il s'agit d'attirer et de fidéliser les consommateurs à sa marque par des promotions consommateurs, des actions de trade dans les magasins, des offres personnalisées à l'aide de bases de données consommateurs (le marketing direct), etc.

Le premier rôle est bien sûr de la responsabilité du chef de produit marketing, voire de la direction générale. Le second, et plus particulièrement tout ce qui touche aux actions dans les magasins, peut être de la responsabilité d'un service trade marketing, rattaché ou pas au département commercial.

Il ne s'agit pas ici de prendre position sur ce rattachement, mais plutôt d'indiquer l'importance grandissante des actions de trade marketing qui répondent aux besoins spécifiques des différentes enseignes et à l'évolution actuelle de la grande distribution.

La force de vente

Le travail de la force de vente d'un industriel a fortement évolué depuis ces cinq dernières années afin de mieux « coller » à l'évolution de la grande distribution. Le vendeur, appelé responsable commercial ou chef de secteur, car il visite les magasins sur un secteur déterminé (pas obligatoirement sur un département), s'occupe plus de la revente que de la vente au sens de prise de commande (sauf dans les magasins livrés en direct et dans les entrepôts de certaines sociétés de distribution). Certains parleront alors de merchandiser.

Les principales fonctions d'un vendeur en grande distribution sont de deux natures :

- Il revend les opérations nationales négociées par le compte clé, et les optimise sur le terrain dans les magasins dont il a la responsabilité : commandes prévues, mises en avant des produits pendant la période des opérations (îlot, tête de gondole, stop rayon), rempotage afin d'éviter les ruptures, animations en magasin, etc.

- Il propose des actions merchandising et/ou promotionnelles dans les magasins d'une zone de chalandise. On parlera alors de géomerchandising ou géomarketing.

Les enseignes, en effet, dans le cadre de la centralisation des achats, souhaitent faire évoluer le rôle des chefs de rayon des magasins d'une fonction achat à une fonction vente.

Aussi, il est nécessaire de doter les forces de vente des industriels d'outils et de moyens leur permettant de répondre aux besoins des chefs de rayon des magasins dans leur zone de chalandise. On prendra deux exemples :

- Le merchandising où l'industriel ne compare plus l'offre magasin à des moyennes d'offres nationales d'hypermarchés, ou mieux régionales, mais à la demande potentielle de la zone de chalandise du magasin correspondant à la population (nombre de personnes, âge, revenus moyens, CSP du chef de ménage, population active et niveau de chômage, répartition des ménages en neuf îlots types, etc.) de ladite zone.

- L'action promotionnelle en magasin où la force de vente, au travers d'un catalogue préétabli d'actions de trade, répond à une demande tactique d'un magasin dans une zone : recruter des consommateurs, les fidéliser, ou augmenter le panier moyen du client, etc.

Ainsi le chef de secteur, formé par son chef de vente, devient un vendeur conseil opérationnel sur le terrain. Il analyse la situation des magasins de la zone en utilisant les nombreux chiffres mis à sa disposition : sorties de caisse, structure de la population (Insee, Secodip et Experian), etc. Il dialogue avec le chef de rayon du magasin, lui propose des actions merchandising ou promotionnelles permettant au magasin de développer les ventes de la catégorie de produit. Il met en place ces actions avec le magasin, en contrôle le bon déroulement et les résultats. Enfin, il assure le débriefing des actions auprès du chef de rayon concerné. Une anecdote permet d'illustrer cette évolution.

Un grand distributeur du nord de la France, devant un parterre d'industriels réunis à l'occasion d'un exposé sur le développement de l'EDI et de l'ECR, répondit à la question suivante d'un industriel : « Que dois-je faire de ma force de vente ? »

« Si votre force de vente continue de négocier et de passer des commandes dans les magasins de mon enseigne, alors vous pouvez vous en séparer, puisque tout est centralisé. Donnez-nous une prestation supplémentaire, équivalente à ce que votre force de vente vous coûte. Mais si celle-ci est capable d'identifier dans mes magasins les leviers du développement des ventes du rayon concerné et de proposer des actions commerciales correctives pour y parvenir, alors doublez le nombre de vos vendeurs. »

Ceci étant, à côté de la fonction revente, le vendeur doit bien souvent exploiter ses qualités auprès des magasins en direct (type indépendants Leclerc, etc.) et des grossistes. Recruter alors des vendeurs aux deux profils (revente et vente) n'est pas alors si évident.

La logistique

Le rôle de la logistique est de faire en sorte que les commandes puissent être livrées en temps et en quantités, en évitant d'un côté toute rupture de stock et de l'autre tout alourdissement des stocks physiquement présents dans les dépôts des usines de l'industriel. La situation est d'autant plus compliquée qu'il peut exister un large portefeuille de produits standards et spécifiques et un nombre plus ou moins important d'usines. Le logisticien, comme l'homme de production, attend de l'entreprise et plus particulièrement des départements marketing et commerciaux les prévisions de vente les plus fiables possibles et les plus fines possibles tant en termes de volume que de périodicité. Ceci est d'autant plus crucial lorsqu'il existe dans l'entreprise une importante politique de produits spécifiques gérés par quotas et avec dates d'enlèvement précises. Si le tarif de l'industriel est franco, le logisticien gère aussi les approvisionnements par chemin de fer ou la plupart du temps par camion.

L'échange de données informatiques et ses applications comme la gestion partagée des approvisionnements (GPA) fait évoluer la fonction du logisticien qui, lui aussi, comme le compte clé, est de plus en plus à l'écoute du client distributeur.

Le contrôle de gestion commercial et/ou l'administration des ventes

Ce département est le garant des chiffres internes à l'entreprise : statistiques directes ou indirectes, résultats en marge dégagée par enseigne, par type de circuit si nécessaire et, comme pour toute entreprise, paiement des factures de prestations de services aux distributeurs et du solde en fin d'année, etc.

Le contrôle de gestion commercial réalise plus spécifiquement un grand nombre de simulations de résultats volumes/marge par enseigne et par circuit pour l'ensemble de l'entreprise. Il joue un rôle très important dans les grands rendez-vous de l'entreprise que sont le plan à 3 ans ou 5 ans (plan à long terme), le plan opérationnel par marque et/ou enseigne, les plans ajustés par trimestre, etc. (latest estimate).

Ce département est souvent intitulé « Supply chain ».

Le compte clé, chef d'orchestre

Le compte clé, dans son travail quotidien, va jouer un formidable rôle de chef d'orchestre pour animer et motiver l'ensemble de ses partenaires que sont les chefs de produits, la force de vente, les logisticiens, les contrôleurs de gestion, etc. sur les enseignes dont il a la charge. Une certaine concurrence va même se faire entre les comptes clés d'une même entreprise, si plusieurs comptes clés coexistent.

Le rôle du compte clé diffère suivant que la négociation annuelle avec le distributeur a eu lieu ou pas. Avant la négociation, il s'agit de choisir et de préparer les actions, après la négociation vient le temps des bilans et de la mesure des opérations mises en place.

Rôle du compte clé	Avant la négociation	Après la négociation
Avec le marketing	• Préparation d'argumentaires marché et produits. • Études sur la fiabilité technique et financière de nouveaux produits spécifiques. • Réalisation de concepts d'actions promotionnelles ou de trade marketing.	• Analyse des performances (volumes, nouveaux consommateurs, image, etc.) des opérations en produits spécifiques, des nouveaux produits ou des actions promotionnelles et de trade marketing, etc.

Rôle du compte clé	Avant la négociation	Après la négociation
Avec la force de vente	• Remontées terrain, de ce qui pourrait être amélioré dans l'accord, tant dans les contreparties des prestations de service hors facture, que dans la rédaction des contrats annuels.	• Observation du terrain en centrale régionale et en magasin : livraison à date et en quantités des produits, comptage des mises en avant, des têtes de gondole ou des facing gagnés, respect des prix aux consommateurs ou des accords linéaires, livraison du matériel de PLV, et qualité du personnel des sociétés d'animation ou des forces de vente supplétives, etc.
Avec les logisticiens	• Prévisions des ventes sur les articles standard à 3 mois et sur les dates d'enlèvement des produits spécifiques. • Faisabilité, délais de livraison, types de transport par produit standard ou spécifique.	• Bilan des ruptures de stock provoquées par l'usine, des livraisons tardives, des queues de promotion non enlevées, etc.
Avec le contrôle de gestion commercial	• Prévisions des ventes et des investissements par grande catégorie de service sur N + 1. • Simulations volumes et marge sur coût variable (MCV). • Calcul de marge des distributeurs (avant + arrière).	• Mesure de la rentabilité des opérations (volumes et investissements). • Ajustement des volumes et investissements. • Simulations diverses.

Figure 2.3. : Le rôle du compte clé, avant et après la négociation.

À ce stade, un certain nombre d'observations supplémentaires s'imposent, sur le travail quotidien du compte clé avec la force de vente de l'industriel. En effet, tous deux font partie du même service commercial, et aujourd'hui, un bon accord avec une enseigne ne peut s'optimiser qu'avec la force de vente. En d'autres termes, il ne peut y avoir de résultat positif, même d'un bon accord, sans le travail de la force de vente. Or pour pouvoir optimiser les ventes dans les magasins, la force de vente doit être en mesure de bien maîtriser tout d'abord les enjeux de l'accord avec l'enseigne, mais aussi les principaux points de l'engagement, avec les contraintes et les actions attendues du terrain.

Faut-il renégocier ou simplement présenter l'opération en centrale régionale, et/ou en magasins ?

Quel est l'assortiment négocié avec la centrale nationale ? Faut-il payer le référencement des nouveaux produits en magasins ?

La présence des têtes de gondoles correspondant à tel prospectus est-elle obligatoire dans tous les magasins ?

Y a-t-il un budget délégué par magasin ou pas ? Etc.

Plus l'accord sera bien expliqué et détaillé par le compte clé, plus la force de vente se l'appropriera. Plus le compte clé écoutera les observations de la force de vente et les utilisera dans ses propres négociations avec l'enseigne, plus sa crédibilité augmentera tant aux yeux de la force de vente qu'auprès du client. En effet, décrire une situation dans un ou plusieurs magasins de l'enseigne cautionne les arguments du compte clé vis-à-vis de l'acheteur de celle-ci.

Pour ce faire, il est de plus en plus utile de rendre les chefs de vente responsables auprès des points de décision que sont certaines centrales régionales ou entrepôts. Ils deviendront alors pour cette fonction, chefs de file. Ainsi par exemple, pour Casino, on dénombre 20 points de décisions. Le chef de vente devient ainsi le délégué du compte clé sur le terrain pour les points de décisions importants, avant et après la négociation avec l'enseigne ou la centrale nationale. Ce qui n'exclut pas la visite du compte clé chez ce client, en présence du chef de vente, pour expliquer les accords nationaux, par exemple.

4. L'interface avec les partenaires extérieurs à l'entreprise

Il y a ici deux types de partenaires :

- Les sociétés d'informations et d'études de marché, telles que les sociétés panélistes de distributeurs comme Nielsen ou Iri Sécodip, les sociétés d'audit de prospectus comme Arbalet ou A3 Distripub, les sociétés d'études omnibus comme la Sofres, etc.

- Les agences de promotion et de trade marketing, qui, nombreuses sur le marché français, occupent pour les dix principales en 2001 le classement suivant :

Top 10 des agences de marketing communication en 2001 (Marge Brute en M€)				
Rang	Groupe	MB 2001	MB 2000	Évolution
1	Groupe High Co (1)	61,17	35,61	+ 72 %
2	Tequila (TBWA Marketing Services)	59,70	47,60	+ 25 %
3	SR Marketing Services	42,63	38,41	+ 11 %
4	D ! Interactive	39,85	33,61	+ 19 %
5	Proximity BBDO	38,30	26,03	+ 47 %
6	Publicis Dialog (2)	33,81	10,98	+ 208 %
7	Rapp Collins	29,53	27,71	+ 7 %
8	OgilvyOne Worldwide	26,20	23,70	+ 11 %
9	The Sales Machine Group	25,35	26,37	- 4 %
10	Sogec Groupe (3)	25,00	29,10	- 14 %

(1) Groupe non membre de l'AACC – (2) Fusion de Publicis Dialog et de Global Event – (3) Sogec Gestion compte pour plus des Ω de ce chiffre.

Figure 2.4. : Le classement des agences de marketing communication en 2001 en fonction de la marge brute (Source : AACC).

Quel que soit le type de partenaire, la question est double :

- Où est localisé chez l'annonceur le budget correspondant : au département marketing ou au département commercial ?
- Comment le travail d'un compte clé s'organise-t-il avec son prestataire de service ?

Les sociétés d'information et d'études de marché

En achetant le segment Système U ou Carrefour à Nielsen, le suivi prospectus d'Arbalet ou de A3 Distripub, l'étude d'image et de fréquentation en GMS de Sofres, etc. on se procure des informations qui concernent essentiellement le compte clé et le département commercial de l'entreprise. Le coût de cette information doit donc être budgété au commercial et non au marketing. Que faire pour le panel consommateur qui ne concerne pas uniquement les catégories socio-professionnelles ou types de villes mais aussi les principales enseignes ?

Il faudra probablement et logiquement partager les coûts entre le commercial et le département études de marché. Cela implique-t-il que le compte clé soit en relation directe avec des sociétés d'informations et d'études de marché, mais sans en assumer la totale responsabilité ? En effet, le service des études est à la fois le garant de la fiabilité des chiffres, du respect des délais et de la négociation budgétaire. En revanche, le compte clé utilisera davantage ces informations que le chef de produit. Il devra donc pour les analyses et recommandations, toujours très intéressantes faites par ces sociétés, rester le contact privilégié, comme le fait un chef de produit par rapport aux données consommateurs. On peut résumer les responsabilités de la façon suivante, sachant bien que chaque industriel les adapte à ses préoccupations et à sa propre culture d'entreprise.

NATURE	RESPONSABILITÉ
Budget de toute étude exécutée auprès des distributeurs et/ou spécifique à un compte clé (Segment Système U ou Carrefour deNielsen)	Compte clé ou commercial
Méthodologie, fiabilité des chiffres, respect des délais, négociation des budgets	Service études de marché
Présentation globale des résultats chez l'annonceur par la société d'études de marché	Service études de marché
Analyses et recommandations commerciales spécifiques	Compte clé

Figure 2.5. : Le partage des responsabilités en interne.

Ainsi, comme pour une étude ad hoc quantitative ou qualitative achetée par un chef de produit pour sa marque, le compte clé rédige un brief, l'adresse pour signature budgétaire à sa hiérarchie, puis au service des études interne qui achète l'étude, assure le suivi des principaux résultats en termes de fiabilité, de respect des délais, etc. Le compte clé reste en relation directe avec la société d'études pour dialoguer sur les meilleures recommandations qu'elle peut prescrire. Les principales données seront, par ailleurs, rentrées sur le micro-ordinateur du compte clé, par l'intermédiaire d'une disquette. Celui-ci pourra ainsi travailler directement avec les principaux chiffres grâce à un programme commercialisé par la société d'études (Infact par exemple pour Nielsen). Pour préserver la transparence de l'information, le compte clé doit mettre sa connaissance des données du marché au même niveau que celle de son acheteur.

Le service du développement commercial ou du trade marketing pourra coordonner en interne les informations communes aux différents comptes clés et aux responsables régionaux, comme l'audit des prospectus ou l'étude sur l'image et la fréquentation des GMS.

Les agences de promotion et de trade marketing

Les budgets des opérations promotionnelles nationales sont de la responsabilité du chef de produit alors que ceux des opérations promotionnelles spécifiques par enseigne, dites de trade marketing, sont en général du ressort du compte clé. En effet, ce dernier est amené à faire des arbitrages entre les différentes contreparties des prestations de service proposées par son client, l'enseigne.

Pour ce qui concerne les produits spécifiques, il est d'usage que le coût des packagings et des produits, des gratuits par exemple, soit imputé à la fois au compte d'exploitation de la marque et à celui de l'enseigne en termes d'investissement. Le chef de produit reste le maître d'ouvrage vis-à-vis de la production de l'industriel ou des sociétés d'emballage.

Pour les opérations promotionnelles par enseigne ou de trade marketing, le compte clé rédige un brief avec l'aide du chef de produit de la marque qui véhiculera l'action promotionnelle en question. Deux ou trois agences de promotion ou de trade marketing seront pressenties. L'une d'entre elles sera choisie pour sa proposition de concept promotionnel qui sera aussi présentée, sous forme de board, à l'enseigne.

La figure 2.6. résume le cheminement qui va du brief agence à la présentation de la proposition à l'enseigne.

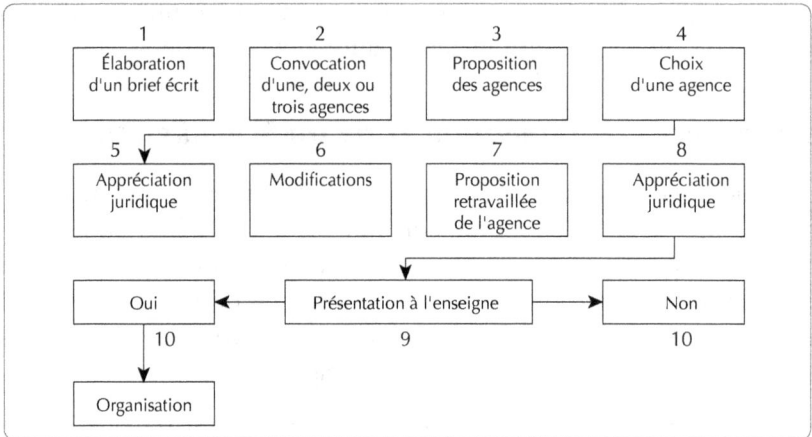

1	2	3	4
Élaboration d'un brief écrit	Convocation d'une, deux ou trois agences	Proposition des agences	Choix d'une agence

5	6	7	8
Appréciation juridique	Modifications	Proposition retravaillée de l'agence	Appréciation juridique

Oui	Présentation à l'enseigne	Non
10	9	10

Organisation

*Figure 2.6. : L'évolution du brief à l'agence
jusqu'à la présentation de la proposition à l'enseigne.*

Un brief pour une action promotionnelle ou de trade marketing doit comporter un certain nombre de rubriques obligatoires.

	Éléments du brief	Contenu
I	**Le Contexte**	
	A. Le marché	Tendance du marché. Mixité-taux de nourriture ou d'attachement. Saisonnalité du marché.
	B. La marque	Identité-territoire-notoriété
II	**Les Objectifs**	
	A. Objectifs marque(s)	
	B. Objectifs enseigne	
	C. Objectifs commerciaux	

III	Les critères d'évaluation	
	A. Critères marque(s)	Visibilité marque(s). Respect image marque(s), etc.
	B. Critères enseigne	Visibilité enseigne. Mise en place, etc.
IV	Les contraintes	
	A. Contraintes marque(s)	Loi Sapin ou autre. Faisabilité du On pack.
	B. Contraintes enseigne	Emplacement. Prix de vente.
	C. Contraintes commerciales	Budget. Ventes moyennes hebdomadaires.

Figure 2.7. : Le contenu du brief pour une action promotionnelle.

Ainsi élaboré, le brief permet de comparer et d'évaluer objectivement les propositions de chacune des agences de promotion ou de trade questionnées.

Si l'enseigne et l'industriel sont d'accord sur la réalisation de l'opération promotionnelle présentée, la réalisation complète de l'opération sera planifiée. Le calendrier sera fonction de la date de réalisation terrain de l'opération mais aussi et surtout de la date de passage de la force de vente de l'industriel qui doit présenter l'opération dans les magasins quelques jours avant la date de remontée de commandes.

Un exemple de suivi de la réalisation d'une opération promotionnelle est illustré dans la figure 2.8.

SERVICES	ACTIONS
Direction des comptes clés	• Détermine les mécanismes de revente, et l'argumentaire force de vente. • Choisit la société d'animation, et envoie le matériel PLV. • Signe, en tant que responsable, toutes les étapes de l'opération.
Marketing	• Agit sur le territoire et l'identité de la marque et apprécie la qualité de la création. • Signe la proposition de l'agence retenue, après accord définitif du juridique. • Consigne les documents d'exécution et les cromalins.
Juridique	• Valide tous les mécanismes et créations. • Signe la proposition de l'agence retenue, consigne les documents d'exécution, et les mécanismes complexes.
Force de vente	• Présente l'opération aux magasins, remplit un bon de commande d'animation par magasin, indique les adresses d'envoi du matériel correspondant, enfin installe la PLV, puis démonte celle-ci en fin d'opération, si nécessaire.

Figure 2.8. : Le suivi de la réalisation d'une opération promotionnelle.

CHAPITRE 3

Identifier et optimiser votre commercial mix : la règle des 4C

Il est aussi noble de tendre à l'équilibre qu'à la perfection ;
car c'est une perfection que de garder l'équilibre.
J. GRENIER

Le concept du marketing mix est connu : il se traduit par l'équilibre et l'optimisation des 4P que sont le Produit, le Prix, la Place ou distribution et la Publicité/Promotion. La cohérence entre ces quatre paramètres doit être totale. Par exemple, un producteur qui commercialise un produit à forte image et prix de vente élevé, réservé à une cible réduite et spécifique, choisira plutôt un circuit de distribution sélectif. En revanche, un fabricant de produits banalisés à forte rotation portera probablement davantage son choix sur la grande distribution. Un consommateur ne comprendrait pas, en effet, qu'un produit sélectif haut de gamme puisse être fortement discounté en hypermarchés.

De même, ce consommateur ne s'expliquerait pas qu'un produit fortement médiatisé puisse n'être acheté que dans des circuits sélectifs. Ainsi a-t-on observé plusieurs échecs de marques, qui souhaitaient élargir leurs débouchés en se lançant dans la grande distribution, mais qui n'ont pas su ou pu mettre en adéquation leurs tarifs avec les conditions générales et les prix de vente pratiqués dans ces circuits.

Il en va de même de la cohérence du commercial mix. Celui-ci détermine la stratégie commerciale de l'entreprise industrielle face à la grande distribution, avec ces 4 C que sont le Corporate, le Co-branding ou les marques, les Clients ou les Centrales d'achats et enseignes et les Consommateurs dans les magasins.

Un industriel n'a-t-il pas intérêt à limiter sa collaboration commerciale au profit, certes hypothétique, de la marge avant de l'une ou plusieurs de ses marques sur lesquelles il ne souhaite pas voir son ou ses prix de vente aux consommateurs discountés ? De même une entreprise, qui possède des marques à forte notoriété, a-t-elle intérêt à jouer le jeu inflationniste de la coopération linéaire, en achetant la mise en avant de palettes au sol ou de box, si son concurrent direct a davantage de trésorerie que lui mais des marques de plus faible notoriété ?

Des questions se posent, les réponses ne sont pas toujours évidentes pour des enjeux considérables. D'où l'importance de se reporter avec méthodologie et méticuleusement à la règle des 4C.

1. Le Corporate : la lettre d'intention et les objectifs de l'entreprise industrielle

Par Corporate, il faut entendre maison mère pour un groupe, siège social pour une grande société, ou direction pour une PME-PMI.

Toute entreprise, qu'elle soit cotée en bourse ou pas, a un objectif global et rédige à cet effet une lettre d'intention, qui exprime la raison d'être de la filiale, de la société ou de la PME-PMI. A-t-elle des objectifs de ventes volumes, de part de marché, de marge et de profit, d'investissements, etc. pour l'ensemble des résultats de l'entreprise ? Faut-il relancer tel segment ou lancer telle marque sur un marché naissant ? Doit-elle prendre le leadership avec telle ou telle marque ou au contraire faire le maximum de ventes sur telle autre sans rien investir de plus ?

L'intention est importante pour l'ensemble des départements de l'entreprise, y compris bien sûr pour la direction commerciale et ses comptes clés. En effet, ils devront expliquer et commenter ces prises de décisions lors des premières séances de négociation dont naîtront les actions proposées pour chacune des marques ou produits de l'entreprise.

À cet égard, il est souhaitable de jouer la transparence ou tout du moins la cohérence entre les informations. On évitera par exemple de donner à la distribution des chiffres qui s'avéreront être en parfaite contradiction avec certains autres extraits d'articles de journaux ou de revues financières !

Certaines entreprises utilisent l'analyse structurale de Porter qui leur permet de se positionner au sein d'un secteur en termes de capacité, de forces et faiblesses par rapport à leurs principaux concurrents, de définir l'intensité et la nature du risque commercial. Ces entreprises trouvent ainsi des clés pour modifier l'équilibre des forces et anticiper les changements de la structure concurrentielle du secteur.

D'autres font appel à Mc Kinsey qui détermine la position concurrentielle de l'entreprise dans son secteur, à travers une analyse multicritères (production, commercialisation, valeur relative du secteur et attrait pour l'entreprise).

2. Le Co-Branding : le portefeuille de marques ou de produits

La plupart des entreprises possèdent un portefeuille de marques, voire une gamme de produits. Rares sont celles qui sont mono produit et pour lesquelles ce paramètre du commercial mix n'a pas de raison d'être.

Certaines entreprises, pour organiser leur portefeuille de marques, ont recouru aux travaux du Boston Consulting Group. Elles ont aussi classé leurs produits en quatre catégories :

- « les vaches à lait » qui contribuent peu à la croissance mais fournissent des liquidités ;
- « les poids morts » qui ne contribuent ni à la croissance ni aux profits ;
- « les vedettes ou stars » qui contribuent à la croissance et s'autofinancent ;
- « les dilemmes » qui pourront plus tard contribuer à la croissance mais qui dans l'immédiat réclament des liquidités.

Ainsi l'objectif des marques ou produits des deux premières catégories est-il essentiellement de maintenir la distribution et le linéaire en optimisant leur politique tarifaire. Celui des marques ou produits des troisième et quatrième catégories vise davantage à utiliser, au-delà de leur présence en magasin, tous les supports de distribution mis à leur disposition (prospectus, mises en avant, médias en magasin tels l'abri caddies ou les caddies eux-mêmes, cartes de fidélité, etc.) au bénéfice de leurs politiques promotionnelles et d'innovation. Ainsi, en recrutant de nouveaux consommateurs, en les fidélisant et en augmentant les quantités achetées par chacun, ces marques verront leurs ventes se développer.

Bien sûr, le compte clé choisira les enseignes ou les thématiques d'opération du plan commercial des enseignes en fonction des images et territoires des marques ou produits en question. Une certaine cohérence est nécessaire pour optimiser les ventes des opérations prévues.

L'entreprise traduit alors le classement des marques ou gamme de produits en objectifs à moyen et long terme. Elle rédige pour ce faire un plan à long terme à 3, 5 ou 10 ans suivant la rotation des produits qu'elle commercialise. Elle découpe la première année en plan opérationnel ou budget et le mensualise.

Ce plan fixe les grandes orientations de l'entreprise avec ses ventes et son profit espéré. Pour chaque marché, chaque marque, chaque produit voire chaque référence, il détermine les moyens à affecter en termes d'amélioration, de modification de produit, de changement de packaging et de conditionnement, de politique tarifaire et de budget de coopération commerciale, d'actions et de dépenses publicitaires, promotionnelles, hors média ou de relations publiques.

Ces plans à long terme et opérationnels ou budget pour une marque ou une gamme de produits comprennent un certain nombre de rubriques.

Le plan à long terme (PLT) ou policy plan

1. **Les problèmes et opportunités clés** pour exploiter les sources potentielles d'affaires par rapport :
   - aux acheteurs : consommateurs et distributeurs ;
   - aux concurrents ;
   - aux moyens propres à l'entreprise.

2. **Les objectifs**, c'est-à-dire les améliorations dans l'exploitation des sources d'activité et la quantification en termes d'objectifs :
   - de volume ;
   - de part de marché ;
   - de contribution nette ;
   - de niveau d'acceptation des consommateurs ;
   - de canaux de distribution ;
   - de distribution physique ;
   - de proposition de diversification (élargissement de gammes, par exemple).

3. **Les moyens stratégiques** à utiliser pour parvenir aux objectifs fixés :
   - l'organisation marketing, au sens large, et son efficacité ;
   - la politique de lignes de produit, de marques, de familles formats ;
   - la politique de prix ;
   - la politique publicitaire et de promotion des ventes ;
   - la politique de vente et de canaux de distribution ;

- la politique de distribution physique (stockage, transport, etc.) ;

- la politique d'études marketing.

Plus concrètement, le PLT se divise bien souvent en autant de domaines d'action stratégique (DAS) que nécessaire. Par exemple, les principales familles de produit (entier, 100 %, blocs morceaux et bloc homogène) divisées d'une part en origine (conserve, frais, surgelé) d'autre part par marques et par circuit de distribution (GMS, RHD, Export, Industrie, Autres) constitueront les différents DAS d'une catégorie de produit, comme les foies gras par exemple.

Les rubriques suivantes seront alors détaillées pour chacune des années du plan, pour chaque DAS, la somme des différents DAS représentant le total de l'activité de l'entreprise.

	N	N + 1	N + 2	N + 3
Volumes				
CA				
– ACC (coopération commerciale)				
= 3 fois Net				
– Coûts de transport				
– Coûts variables de production				
= Marge sur coûts variables				
– coûts fixes de production				
– coûts commerciaux				
– coûts marketing				
– coûts R et D				
– coûts administratifs				
– Total coûts fixes				
= Résultat opérationnel				

À l'euro/kg	N	N + 1	N + 2	N + 3
- SRP				
- ACC				
- ACC/CA				
- 3 fois Net				
- Transport				
- Prix de revient sur coûts variables				
- Marge sur coûts variables				
- MCV/CA				
- Coûts fixes				
- CF/CA				
- Résultat opérationnel				
- Résultat opérationnel/CA				

Figure 3.1. : Le compte d'exploitation par domaine d'action stratégique (DAS).

La revue diagnostic et le plan de marque (brand review)

On prendra l'exemple d'une entreprise qui commercialise un produit liquide dans 2 circuits de distribution : GMS et CHR.

- **Diagnostic**
  1. *Évolution du segment et du marché sur 5 ans*
     - FOOD
     - CHR
     - Total

2. *Évolution des volumes sur 3 ans*
   - FOOD
   - CHR
   - Total

3. *Évolution de la part du produit sur son segment sur 3 ans*
   - FOOD
   - CHR
   - Total

4. *Évolution des indicateurs marketing sur 3 ans*
   - Notoriété (top of mind, spontanée, assistée)
   - Profil d'image
   - QA, NA, QA/NA
   - Advertising share
   - DN/DV Food/CHR
   - Demande Food/CHR

5. *Autres informations éventuelles*

6. *Marketing mix (rappel du plan N)*
   - Publicité
   - Promotion (CHR/FOOD – Consommateurs/distributeurs)
   - Prix
   - Packaging
   - Produit

7. *Études engagées*
   - Objectifs
   - Méthodologies
   - Synthèse des résultats

8. *Conclusions*
   - Marché :   Menaces/opportunités
     - dont FOOD   Menaces/opportunités
     - dont CHR :   Menaces/opportunités
   - Marque   Menaces/opportunités
     - dont FOOD   Menaces/opportunités
     - dont CHR   Menaces/opportunités

- **Stratégies**

1. *Court Terme*
   - dont FOOD
   - dont CHR
2. *Moyen Terme*
   - dont FOOD
   - dont CHR

- **Objectifs volumes**

Budget	N-3	N-2	N-1	N	N + 1	N + 2	N + 3
1) Total marque							
2) Total CHR – Futs – Petites Bouteilles, Consignées							
3) Total FOOD – Format 1							
4) Part de marché CHR							

Justification des volumes
Rappel écart total marque N/N-1 = + %
Dont FOOD = + %
Dont CHR = + %
Évolution de la DV FOOD = + %
Évolution de la DV CHR = + %
Évolution de la demande FOOD = + %
Évolution de la demande CHR = + %

- **Moyens**

1. *Publicité*
   - Copy stratégie
     Faits principaux qui amènent à modifier ou à maintenir la copy
     Copy = Positionnement/promesse/justification/cible/ton/ source de profit/contrainte
   - Budget média
     valeur
     N/N-1 %
     share of voice
   - Plan média
2. *Promotion*
   - Objectifs des actions promotionnelles consommateurs
     FOOD
     CHR
   - Budget des actions promotionnelles consommateurs
     FOOD   valeur/N vs N-1 = %/détail des postes
     CHR   valeur/N vs N-1 = %/détail des postes

- Plan des actions promotionnelles consommateurs

3. *Autres éléments du mix*
   - Conditionnement (packaging – formats)
   - Prix (évolution prévue)
   - Produit (modification envisagée)

4. *Études*
   - Objectifs
   - Méthodologie

- **Récapitulatif du budget**

Budget	N-3	N-2	N-1	N	N + 1	N + 2	N + 3
1. Média Espaces Honoraires Frais techniques							
2. Études							
3. Publicité clientèle et signalisation							
4. Budget marketing total							

Le plan opérationnel ou budget

Après avoir rappelé et réévalué s'il y a lieu les orientations prévues pour l'année N + 1 dans le plan à long terme (N + 1 à N + 3 par exemple), on définit pour N + 1 les moyens stratégiques et financiers suivants :

- positionnement prix ;
- remises ;

- campagne publicitaire ;
- distribution.

La figure 3.2. propose la séquence annuelle de ces différents plans par rapport à la lettre d'intention.

Janvier	
Février	Lettre d'intention
Mars	Revue de marque
Avril	Plan à long terme
Mai	
Juin	
Juillet	
Août	Plan opérationnel ou budget
Septembre	
Octobre	
Novembre	Plan de marque
Décembre	

Figure 3.2. : Séquence annuelle du plan à long terme (PLT)
et du plan opérationnel ou budget d'une marque.

Les plans à long terme à 3, 5 voire 10 ans sont réalisés en année N la plupart du temps au printemps.

Les plans opérationnels ou budget sont élaborés à l'été de l'année N et appliqués sur l'année N + 1 après les négociations avec le distributeur (octobre N à février-mars N + 1).

Le compte clé doit définir l'ensemble des objectifs, des moyens et des actions décrites dans le plan opérationnel ou budget pour chacune des marques ou des produits qu'il commercialise auprès de ses clients distributeurs. Il est donc fondamental que le plan opérationnel ou budget de l'année N + 1 de chacune des marques ainsi que la politique commerciale globale de l'entreprise soient déterminés au début des négociations qui commencent en octobre-novembre N pour application sur l'année N + 1. De plus, il est essentiel que ces objectifs et moyens, une fois rédigés, ne soient pas modifiés au gré des états d'âme et surtout des évolutions parfois chaotiques des ventes mensuelles.

3. Le Client : les principales enseignes

L'identification précise de ses clients, les centrales d'achat, est la troisième variable du commercial mix. Le développement du trade marketing a rendu cruciale la maîtrise de cette variable. En effet, seule une connaissance parfaite des enseignes permettra aux industriels de trouver pour leurs marques ou produits de nouveaux leviers de croissance. Les fabricants de produits de grande consommation utilisent les techniques du marketing depuis la fin de la dernière guerre et sont à l'écoute des besoins de leurs consommateurs existants ou potentiels. Avec l'arrivée du trade marketing dans les années 1990, elles observent aussi les demandes de leurs clients, les distributeurs[1].

---

1. Se reporter au *Trade Marketing*, ouvrage du même auteur paru aux Éditions d'Organisation, 1994.

La monographie ou la revue d'enseigne

C'est Jean Chalouin, du cabinet Perspective, qui semble avoir parlé le premier de monographie d'enseigne.

Comment se procurer les principales informations nécessaires à la rédaction d'une monographie d'enseigne ? Contrairement à la connaissance des consommateurs, approchée par les études qualitatives et quantitatives, la majeure partie des données nécessaires à l'identification de son ou de ses clients se fait grâce au réseau relationnel du compte clé. Par ses différents contacts avec les acheteurs de ses clients, mais aussi avec les responsables des enseignes, du merchandising, du marketing, du trade marketing, du développement commercial et de la logistique, il va récolter de nombreuses informations. Plus le compte clé est jugé fiable par son client, plus il a de chance d'avoir les bonnes informations au bon moment. Par exemple dans le cas du plan d'action commercial d'un rayon sur l'année N + 1, il est aisé de comprendre que ce type d'information ne peut pas être identifié par une société d'études de marché.

En effet, et contrairement à un consommateur qui peut s'exprimer sur une nouvelle variété sans voir son opinion éventuellement restituée à un autre consommateur, le distributeur ne peut communiquer son prochain plan promotionnel à une société d'études de marché sans risquer de voir ses informations portées à la connaissance de ses concurrents distributeurs.

Il est, par ailleurs, très important pour un compte clé de connaître six mois à l'avance le plan d'action commercial de son ou ses clients avec les thématiques définies afin de choisir celles qui correspondent le plus aux objectifs de sa marque. Il dispose ainsi du temps nécessaire pour préparer les produits (par exemple un gratuit) ou les actions promotionnelles (par exemple, une semaine américaine) adéquats. Il est ainsi mieux à même d'anticiper en termes de produit ou d'action les appels d'offre promotionnelle du distributeur.

Cependant, certaines données standard, plutôt quantitatives, proviennent de sociétés de panels Nielsen ou Sécodip (volume, part de marché, etc. comme le montre la figure 3.3.) ou de sociétés qui analysent les prospectus (Arbalet, A3 Distripub) ou la pénétration des marques par occasion et fréquence de consommation par enseigne (Omnibus Sofres, par exemple).

Panel	Informations	Enseignes
SCANTRACK (Nielsen)	• Ventes volumes • Ventes valeur • Prix moyen • DN/DV vendant • DN/DV ruptures de ventes • Ventes moyennes hebdomadaires • Informations explicatives (mises en avant, prospectus, réductions prix, nombre de références, longueur du linéaire)	• Hypermarchés + supermarchés Groupe restreint indépendant (Leclerc + Intermarché + Système U > 800 m^2) • Hypermarchés + supermarchés Groupe restreint succursaliste (Promodès + Comptoirs Modernes + Auchan + Casino) • Groupe restreint hypermarchés (Auchan + Carrefour + Continent)
CONSO SCAN (Sécodip)	NA, QA	La plupart des enseignes

Figure 3.3. : Les données des panels standard par enseigne.

Pour mieux percevoir les différences de positionnement d'enseigne, prenons le cas d'Auchan et de Carrefour et illustrons-le pour mieux identifier pour un industriel les différences opérationnelles.

La comparaison entre Auchan et Carrefour dont les formats de magasins sont très proches est intéressante. (Une moyenne de 9 150 m^2 pour un magasin Auchan contre 8 560 m^2 pour un magasin Carrefour). Après avoir comparé les positionnements marketing des deux groupes, il convient d'observer et de mesurer les conséquences opérationnelles pour industriel dans les assortiments, la politique merchandising, les thématiques promotionnelles et les prospectus.

Comparaison Auchan et Carrefour

Chaque enseigne construit sa stratégie et détermine son positionnement marketing. Puis, elle élabore son mix qui recouvre le type d'assortiment, le plan merchandising, la politique de communication promotionnelle et de prospectus.

Quels sont alors les positionnements marketing des deux enseignes Auchan et Carrefour et leurs déclinaisons sur le mix ?

Le positionnement d'Auchan se traduit pour le client consommateur par une dimension plaisir au travers du choix, de l'abondance de l'offre, des prix compétitifs, d'un univers d'achat très confortable et d'une forte activité promotionnelle voire festive. Ainsi Auchan a façonné sa stratégie publicitaire en quatre étapes : « La vie Auchan » (1983-1986) ; « La vie austère, la vie Auchan » (1986-1990) ; « La vie Auchan, tout pour la vie » (1991-1995) ; « La vie Auchan, elle a quelque chose de plus » (depuis 1996).

Le positionnement de Carrefour vise l'efficacité et l'intelligence de l'acte d'achat du consommateur : visibilité et accessibilité optimum des marques et produits, minimum de temps d'attente aux caisses de sortie, développement des services avec la carte Pass, les agences de voyages, la billetterie et les prêts financiers, etc. « Avec Carrefour je positive ! » tel est le slogan publicitaire.

Les deux positionnements marketing se traduisent par des applications opérationnelles différentes.

Pour l'assortiment

L'assortiment d'Auchan est d'une façon générale large et profond, alors que celui de Carrefour est plus restreint même s'il a eu tendance à se développer fortement depuis la loi Galland. En revanche, la marque de distributeur qui permet de nourrir et de valoriser le positionnement marketing est plus présente tant en part de marché qu'en nombre de références chez Carrefour : 24,5 % contre 21,9 % relevés en 2002 par la société TNS Sécodip, avec 2 040 références chez Carrefour contre 1 880 chez Auchan toujours en 2002 selon TNS Sécodip.

Pour le merchandising

La visibilité chez Carrefour est rendue plus immédiate puisque l'offre est moins large. Chez Auchan, il s'agit bien évidemment de clarifier au maximum la présentation de plus nombreuses références, tout en conservant une impression de choix et d'abondance. Les planogrammes chez Auchan utilisent le verticalisme : une même marque avec tous ses conditionnements est disposée sur toutes les étagères de haut en bas. Alors que les planogrammes de Carrefour sont traduits horizontalement : la marque avec ses conditionnements est disposée sur une seule étagère, les marques nationales se trouvant sur les étagères du haut, les marques de distributeurs sur celles du milieu, à hauteur des yeux, et les premiers prix sur celles du bas.

Le nombre moyen de produits par prospectus

Ce nombre est plus important chez Auchan. D'après le panel Arbalet, il est de 148 produits pour Auchan en 2000, et seulement de 87 pour Carrefour, toujours dans un souci de plus grande visibilité. Parallèlement, le nombre de prospectus nationaux est plus important chez Carrefour : 66 contre 63 pour Auchan. Réciproquement, le nombre de prospectus régionaux et locaux d'Auchan dépasse ceux de Carrefour : 394 contre 325.

Les publicités sur lieux de vente

Les opérations promotionnelles thématiques traduisent complètement les positionnements des deux enseignes. Chez Auchan on pourra trouver d'importantes PLV, de formes très variées, de couleurs chaudes et festives, suspendues à mi-distance entre plafond et haut des têtes de gondoles, tandis que celles de Carrefour chercheront à respecter l'aspect informatif, en utilisant des formes plus rigoureuses, des couleurs plus homogènes placées en haut des têtes de gondoles.

Un industriel doit, bien sûr, intégrer toutes ces informations afin de pouvoir mieux exploiter la stratégie des enseignes au bénéfice de ses marques et pour le bienfait conjoint du développement des ventes du rayon. Ainsi, la direction commerciale d'une entreprise, par l'intermédiaire de son compte clé, ne pourra donner les mêmes recommandations merchandising à sa force de vente selon qu'il traite avec un magasin Auchan ou un magasin Carrefour. De même un industriel aura intérêt à pratiquer des opérations de trade marketing en élaborant avec chaque enseigne concernée des PLV différenciées plutôt que de faire revendre par sa force de vente une opération promotionnelle nationale avec une PLV identique pour tous les magasins. Sinon il risque de voir cette PLV retirée purement et simplement dans les magasins d'une enseigne dont les codes graphiques et les couleurs ne peuvent alors être respectés.

Exemples de deux fiches enseignes

Nous illustrons celles de Carrefour et de Leclerc.

CARREFOUR et CHAMPION (groupe CARREFOUR)

IDENTIFICATION

Date de création : 1963.

Chiffre d'affaires : 68,7 milliards d'euros, dont 60 % en hypermarchés, 27 % en supermarchés, 5 % en maxidiscounts et 8 % en autres commerces.

Parc de magasins : 9 061 magasins répartis dans 26 pays, dont 682 hypermarchés, 2 670 supermarchés, 3 123 maxidiscounts, 1 967 magasins de proximité, 457 magasins de produits surgelés et 162 cash and carry.

STRUCTURE DU CAPITAL

Structure de capital au 31 décembre 1999	
Famille Halley	11,50 %
Familles Badin, Defforey et Fournier	5,58 %
Groupe espagnol March soit un pacte de préemption de 20,4 % (25 % en droits de vote)	3,36 %,
Salariés	1,48 %
Autocontrôle	2,00 %
Public	76,08 %

LOGIQUE DE CONSTITUTION

Le 2 septembre 1999, le groupe Carrefour/Comptoirs Modernes lance une offre publique d'échange amicale (OPE) sur Promodès.

Le feu vert est donné le 25 janvier 2000 par la Commission européenne, sous réserve :

- d'une cession de magasins en France et en Espagne à proposer à Bruxelles pour le 25 mai 2000 par les conseils de concurrence des deux pays ;
- de la vente de la participation (42 %) de Carrefour dans Cora.

Le 30 mars 2000, l'assemblée générale des deux groupes Carrefour et Promodès entérinent la fusion et la cote de l'action Promodès est suspendue.

MÉTIERS ET ENSEIGNES

Les magasins Continent, Continente et Pryca sont passés Carrefour et tous les Stoc ont pris l'enseigne Champion dans le deuxième semestre 2000.

STRUCTURE D'ORGANISATION

- **Présidence**

  Le président-directeur général, Daniel Bernard, est assisté de huit directions :
  - Amérique, avec six directions exécutives par pays.
  - Asie, avec neuf directions exécutives par pays.
  - Europe, avec quatre directions : France, Espagne, autres pays d'Europe (avec onze directions exécutives), organisation Europe avec une direction marketing.
  - Finances gestion.
  - Dia.

- Organisation/système.
- Marchandises et marketing.
- Ressources humaines.

- **La direction France est organisée :**

d'une part, en fonction des formats de magasin :
- les hypermarchés 1 et 2 ;
- les supermarchés avec deux exploitations spécifiques, les franchisés et les intégrés ;
- le commerce de proximité ;
- le service aux professionnels (cash and carry) ;
- d'autre part, par fonctions :
- achats alimentaires et achats non alimentaires ;
- services marchands et logistique.

- **Centrale d'achat**

L'alimentaire est dirigé par Nathalie Mesny, assistée de J. Marc Lebarbier pour les PGC, Éric Bourgeois pour le PLS et coupe, Gilles Desbrosse pour les marchandises PFT.

ÉLÉMENTS DU MARKETING MIX

- **Positionnement marketing** : valoriser le client en rendant son acte d'achat intelligent et efficace dans tous les domaines de consommation (Carrefour), offre très développée en produit frais (Champion).

- **Slogan publicitaire** : « Avec Carrefour je positive » (Carrefour), « Difficile de battre un champion » (Champion).

- **Offre produit** : afin de ne « pas mettre le consommateur dans l'embarras du choix », gamme large mais non profonde, toutefois en forte évolution depuis l'application de la loi Galland (Carrefour), offre très développée au produit frais (Champion).

Lancement en 2004 des Produits Numéro 1 (jusqu'à 7 % moins chers que les produits équivalents du hard discount) et des Produits Carrefour international (15 à 20 % moins chers que les marques propres classiques).

- **Part de marché des marques de distributeurs en valeur :** 26,6 %. (Carrefour), 23,2 % (Champion).
- **Communication**

1. Grands médias : 192 658 euros (Carrefour + Champion). Champion 1re enseigne à utiliser le média télévision (janvier 04).

2. Prospectus :
   - Carrefour

   Nombre : 391.

   Au national : 66 ; régional : 197 ; en local : 128.

   Nombre de produits par prospectus : 87.

   Opérations thématiques : « Festimagic » (février) ; « les 10 jours positifs » (mars/avril) ; « Carrefour les bains » (juin/juillet) ; « le jubilé des prix » (octobre/novembre) ; « anniversaire » (novembre/décembre).

   - Champion

   Nombre : 282.

   Au nationale : 34 ; régional : 213 ; en local : 35.

   Nombre de produits par prospectus : 48.

   Opérations thématiques : les différents « 1.5, 2, 3 euros » ; Championnissimo.

- **Carte de fidélité**
  - Carrefour

  Carte Pass (2 500 000 détenteurs).

Le client, porteur de la carte, peut choisir 25 articles parmi plus de 200 produits de grandes marques, sur lesquels il bénéficie de réductions permanentes pendant un an.

– Champion

Iris, lancée en 1997 par Stoc, avec 5 000 000 de porteurs, cette carte gratuite et sans capacité de paiement permet d'accumuler des points en fonction de la quantité et de la qualité des achats : points bonus attribués sur des produits pendant une période déterminée ou sur les produits Champion. Le magazine bimestriel « Iris Mag », envoyé à tous les porteurs de carte, contient des offres et des publireportages.

PRINCIPAUX RÉSULTATS

	CARREFOUR	CHAMPION
DV au total France	15,2 %	7,8 %
DV en hypermarché ou en supermarchés	29,7 % (hypermarchés Carrefour)	16,7 % (supermarchés Champion)
Chiffre d'affaires/m^2	12 700 €	8 400 €
Magasin principal	37,0 %	37,5 %
Magasin secondaire	27,0 %	30,0 %
Magasin occasionnel	36,0 %	32,5 %
Pénétration	56,5 %	31,3 %
Taux d'attachement	25,0 %	22,2 %
Panier moyen en somme dépensée	29,4 €	21,3 €

Image auprès des clients :

Belle image pour Carrefour : 1er pour les prospectus. 2e pour le choix, la qualité, les MDD, le plaisir de faire ses courses. 3e pour le prix, la promo, la publicité, l'info, l'accueil consommateur, le service.

Image moyenne pour Champion : 3e pour la publicité, les prospectus, la qualité/fraîcheur, les MDD, le plaisir de faire ses courses, la rapidité.

AXES DE DÉVELOPPEMENT [ON NE DISTINGUE PAS CARREFOUR DE CHAMPION]

- **Renforcement de la dynamique commerciale**
  - Carrefour : « les HM les moins chers de France »
  - Forte activité marketing : promotions, MDD et lancement de la gamme de produits « J'aime » positionnée sur le concept du produit santé.
  - Montée en puissance du système d'information et partage de l'information avec les industriels.

- **Renforcement de la base européenne**
  - Forte progression en Espagne et en Belgique

- **Croissance**
  - Plus de 800 ouvertures prévues dans le monde en 2003 dont plus de la moitié en hard discount
  - Rachat suivant opportunités

LA NÉGOCIATION

La centralisation chez Carrefour, un peu estompée après le rachat de Promodès, est de nouveau à l'ordre du jour avec les accords 2004.

- **Le référencement**
  - *Carrefour* : tronc d'assortiment commun (TAN). À négocier avec le développeur offre hypermarché avant de rencontrer l'acheteur.

    Il est suivi à 100 % par les magasins. Les nouveaux produits ne remplacent plus forcément les anciens produits du TAN existant, suite à l'élargissement de la gamme dans les magasins. Il existe aussi des assortiments régionaux négociés avec l'acheteur national.

  - *Champion* : assortiment autonome à négocier avec le développeur offre supermarchés avant de rencontrer l'acheteur.

- **La communication**
  - *Carrefour*

    Ce budget comprend les prospectus et les mises en avant des magasins correspondants. Les budgets sont reversés aujourd'hui aux magasins en fonction de leurs commandes, ils le seront demain en fonction de la rotation des produits pendant l'opération. Depuis 2003, existence du ticket Cash Carrefour.

  - *Champion*

    Champion croit aux vertus des cartes de fidélité (carte Iris).

- **Les budgets régionaux**
  - *Carrefour*

    Ces budgets n'existent plus. En effet, les chefs de rayon dans les magasins n'ont plus de fonction d'achat. Ils doivent se consacrer à la surface de vente, à la théâtralisation du rayon et à la relation client/marchandises. Il est toujours possible dans certains cas de faire du direct magasin.

- *Champion*

    Ils correspondent à des opérations d'animation et de dynamisation des marques dans les magasins.

• **Le merchandising**

  - *Carrefour*

    Les planogrammes comme les unités de besoin et les assortiments sont déterminés par le développeur offre hypermarchés à l'intérieur d'une catégorie.

    La logique de Carrefour n'est pas une logique de marque. Les marques du distributeur sont à la hauteur des yeux, les marques nationales sont en haut des tablettes et les premiers prix sont en bas.

  - *Champion*

    idem avec le développeur offre supermarchés.

LECLERC

STRUCTURE DU CAPITAL

Le groupement E. Leclerc est une association loi 1901 à but non lucratif.

LOGIQUE DE CONSTITUTION

Le système E. Leclerc se met vraiment en place en 1969 avec la création de l'ACDLec (Association des Centres de Distribution Édouard Leclerc) et du Galec (Groupement d'achat Leclerc).

Leclerc est devenu le premier distributeur français à passer la barre des 100 milliards de chiffre d'affaires au début des années 1990.

MÉTIERS ET ENSEIGNES

La distribution de détail représente le principal domaine d'activité avec l'hypermarché et le supermarché. L'élargissement de l'activité du groupement repose davantage sur des opportunités visant à contrer les industriels :

- Siplec, société de négoce en carburant (1978) ;
- Tradilège, marque d'un centre de produits carnés et de salaisons ;
- La banque Edel dans les services financiers, etc.

STRUCTURE D'ORGANISATION

- **Direction**

  De l'ACDLec (Président : Édouard Leclerc ; coprésident : Michel-Édouard Leclerc) dépendent les centres d'achat Galec pour les marques nationales, l'Eurolec auquel sont rattachées les 16 centrales régionales (les SCA) ainsi que les sociétés d'expansions étrangères.

  Par ailleurs, les autres activités industrielles, de services et la Scamark pour les marques de distributeurs dépendent de l'ACDLec.

  Leclerc est une marque concédée à titre gratuit à l'ACDLec par E. Leclerc pour une durée de 30 ans renouvelable.

  Il existe sept commissions au sein de l'association :
  - une commission des prix qui impose le respect d'un prix maximal par produit ;
  - une commission des finances qui détecte les magasins défaillants ;
  - une commission d'agrément qui attribue ou retire le nom de l'enseigne aux magasins ;

- une commission communication ;
- une commission commerciale ;
- une commission innovation et développement ;
- une commission internationale.

L'adhérent qui souhaite quitter le mouvement doit faire une offre préalable au groupement.

Enfin Leclerc a adhéré à l'EMD en 1997.

- **Centrale d'achat : Galec**

  Organisation en groupes de travail (GT) :
  - 19 pour l'achat des produits, répartis par famille et constitués d'un adhérent patron du GT et de quatre à cinq adhérents chefs d'équipe nommés par le patron.
  - 5 groupes de travail fonctionnels pour la qualité, l'informatique, la communication, les études marketing et les opérations nationales.

  À noter qu'il n'existe aucun groupe de travail opérationnel pour les approvisionnements, par exemple, qui dépendent des SCA régionales.
  - Lancement en 1999 de l'Union des Coopératives Lucie avec Système U.

- **Moyens logistiques**

  Leclerc dispose d'une infrastructure logistique propre, composée d'une vingtaine d'entrepôts et d'un site au Havre pour les produits importés.

  Il existe trois modes d'approvisionnement : livraison directe, *via* entrepôts et *via* grossistes.

- **Mode d'exploitation des magasins**

  E. Leclerc est propriétaire de la marque Leclerc mais les points de vente appartiennent aux adhérents (pas plus de deux magasins par propriétaire), qui s'engagent à respecter la charte Leclerc. Les nouveaux adhérents (qui travaillent en couple) sont cooptés par le système du parrainage.

ÉLÉMENTS DU MARKETING MIX

- **Positionnement marketing**

  Acheter moins cher pour vendre moins cher.

- **Offre produit**

  Gamme : traditionnellement axée sur les marques nationales. Mais développement des marques de distributeurs depuis avril 1997 sous le label « Repère », et des produits Eco + (de 630 à 850 références).

- **Part de marché des marques de distributeurs en valeur : 21,0 %.**

- **Communication**

  – Grands médias : 147 537 euros.

  – Prospectus :

  Nombre : 804

  Au national : 21 ; régional : 373 ; en local : 410.

  Nombre de produits par prospectus : 131.

  Opérations thématiques : le « Trophée des prix » (ex « Olymprix » en mai/juin) ; « Affaire de prix » (octobre/novembre) ; « les 50 ans » (mars/avril 2000).

- **Carte de fidélité**

  E. Leclerc Privilège : Le client reçoit un atout pour 15 €
  d'achat ; pour 100 atouts, il bénéficie d'un bon d'achat de
  15 € et au maximum de 75 € pour 300 atouts. Elle fait augmenter par ailleurs la valeur des « tickets Leclerc » de + 25 %.

PRINCIPAUX RÉSULTATS

DV au total France	15,3 %
DV en hypermarché	27,2 %
DV en supermarché	2,7 %
Chiffre d'affaires/m^2	12 700 €
Magasin principal	40,0 %
Magasin secondaire	28,0 %
Magasin occasionnel	32,0 %
Pénétration	56,2 %
Taux d'attachement	28,2 %
Panier moyen en somme dépensée	30,2 €

- **Image auprès des clients :**

  Très bonne image et en forte progression : 1er sur les prix, les
  promos, les prospectus, l'information consommateur, le choix,
  les MDD ; 2e sur la publicité et le plaisir de faire ses courses.

AXES DE DÉVELOPPEMENT

- Croissance en France tirée par le maintien d'un bon positionnement prix et la poursuite du succès du ticket Leclerc
  « Leclerc est moins cher sur tout ».

- Développement de la marque « Éco plus » pour lutter conte le hard discount.
- Reconquête de galeries marchandes pour y développer des surfaces spécialisées : espace culturel, parapharmacie, sport, parfumerie, voyage.
- Un système d'information de plus en plus opérationnel.
- Alliance avec le groupement d'indépendants Conad n° 2 en Italie :
  - Développer un réseau d'HM à l'enseigne Leclerc (5 à ce jour)
  - Renforcer sa puissance d'achat

LA NÉGOCIATION

Leclerc a toujours défendu la décentralisation tant au niveau régional que local en magasin.

- **Le référencement**

  Au niveau national, la gamme, précisée en fonction des conditions générales de réduction de prix (donc du surfacture), et du cadre de l'accord annuel, est véritablement référencée par les entrepôts au travers des négociations régionales par l'intermédiaire des 16 SCA.

  Ultérieurement, des négociations locales sont nécessaires pour assurer la présence des produits en magasin.

- **La communication**

  Comme pour les référencements, il existe trois niveaux de prospectus :
  - les nationaux (le « Trophée des prix » par exemple), traités dans l'accord annuel mais dans le cadre du budget redonné par la centrale aux magasins ;

- les régionaux, où chaque SCA indépendante met en place sa propre stratégie prospectus ;
- les locaux, où chaque magasin en fonction de sa zone de chalandise et de sa politique, émet des prospectus.

- **Le budget régional**

  Des budgets régionaux, en dehors de l'accord annuel national, sont négociés au niveau de chaque SCA.

- **Le trade marketing**

  Le ticket Leclerc : de 15 % à 25 % de la valeur du produit (facturé à l'industriel sur les produits vendus et non pas commandé) en bons d'achat sur des centaines de produits tickets.

- **Le merchandising**

  Le groupe de travail marketing coordonne la politique merchandising qui reste décentralisée : force de propositions, banque de données à la disposition des magasins mais aucune directive.

4. Le consommateur en magasin

L'analyse des comportements des consommateurs devant chaque rayon, leurs achats réels matérialisés par la scanérisation en caisses de sortie constituent la quatrième et dernière variable du commercial mix.

Les informations provenant du consommateur en magasin sont importantes pour le compte clé ou directeur d'enseigne. Elles lui permettent d'apprécier la justesse de la politique marketing et commerciale de son entreprise.

Quel est le temps qui s'écoule entre le moment où le consommateur arrive sur le rayon et celui où il met sa marque ou son produit dans le caddie ?

Est-il plus ou moins long que celui consacré à l'achat des marques et produits concurrents ?

Se modifie-t-il si la marque ou le produit en question change de place dans le linéaire ?

À hauteur des yeux ou pas ? En facing, en rack, ou en palette au sol ? Dans la gondole ou en tête de gondole ? Une baisse de prix de la marque ou du produit provoque-t-elle une accélération de la rotation des ventes sur le point de vente ? L'animation ou la promotion de la marque ou du produit entraîne-t-elle une accélération du trafic sur le rayon et un enthousiasme du consommateur ?

La publicité sur le lieu de vente et la mise en avant de la marque ou du produit sont-elles bien visibles et identifiables par les consommateurs du rayon, etc. ?

Autant de questions auxquelles il est important de répondre le plus factuellement possible. Les sociétés de panel Nielsen, Iri-Sécodip jouent ici un rôle de première importance. Comme toute autre société d'études *ad hoc*, elles procèdent pour le compte de leurs clients industriels (pour le compte clé) à des relevés de présence, de prix, de mises en avant, de linéaires, etc. En reliant les chiffres aux volumes correspondants audités sur les marques ou les produits, elles proposent à leurs clients industriels des outils de simulation et donc d'optimisation des situations à privilégier dans les magasins de tel format et de telle enseigne.

A-t-on intérêt à dupliquer une gamme ? Avec quel écart doit-on fixer le prix de vente consommateur de telle marque par rapport à la marque distributeur du marché considéré ?

Quel est le meilleur mix promotionnel : produit en plus, baisse de prix, prime, animation-dégustation, ou mise en tête de gondole ? Quel est l'optimum du nombre de facings de la marque en linéaire ?

Dans ces relevés terrain, la propre force de vente de l'industriel joue un rôle important. Bien souvent, c'est elle qui procède au relevé de l'information dans les magasins, à l'aide d'outils informatiques de plus en plus sophistiqués. Ce qui permet au compte clé ou au directeur d'enseigne de vérifier l'application des accords en centrale sur le terrain et de préparer, le cas échéant, ses arguments chiffrés pour sa prochaine visite.

La gamme négociée avec la centrale est-elle bien présente ? Quelle est la marge avant fixée par la distribution ? Les mises en avant ou têtes de gondoles négociées dans le cadre d'un prospectus ont-elles bien été montées dans l'ensemble des magasins ? Les accords en nombre de facings ou nombre de racks et palettes au sol dans telle ou telle centrale sont-ils bien respectés ?

D'autres informations plus qualitatives proviennent de la force de vente au travers de ses discussions avec les acheteurs et chefs de rayon des centrales régionales et des magasins :

Tel nouveau produit ou conditionnement tourne-t-il dans les magasins ?

Comment un nouveau packaging (avec poignée par exemple) est-il perçu par les consommateurs ? De quelle façon sont vécues les dernières animations-dégustations dans les points de vente ? Les animatrices étaient-elles performantes ? La publicité sur le lieu de vente (PLV) de l'opération a-t-elle pu être facilement mise en place dans les magasins ?

Autant d'informations riches et très utiles pour le compte clé dans sa négociation, dans son suivi avec ses clients que sont les centrales d'achat et les enseignes.

Le décor est planté.

Les quatre variables du commercial mix sont fixées. La partie peut se jouer. Les trois coups de la négociation sont frappés. Encore faut-il bien la préparer !

CHAPITRE 4

Préparer votre négociation

Tous les moyens sont bons, quand ils sont efficaces.

J.-P. Sartre

Bien préparer sa négociation, c'est assurer à 80 % ou même plus sa bonne réalisation. Toutefois, bien préparer sa négociation ne se limite pas à la préparation de la visite *stricto sensu* avec son client.

Préparer sa visite, c'est avant tout savoir identifier sa stratégie et savoir construire ses moyens marketing opérationnels.

1. La stratégie

Définir sa stratégie, c'est savoir opter pour la commercialisation d'une ou plusieurs marques nationales, d'éventuelles marques de distributeur et/ou de 1er prix. C'est aussi construire son ou ses tarifs et ses conditions générales de vente.

Marques nationales, marques de distributeur (MDD) et/ou 1ᵉʳ prix ?

Faut-il commercialiser les trois types de produit ou plutôt ne se limiter qu'à un ou deux ? Il n'existe pas de route toute tracée. Tout dépend de la capacité de l'entreprise à créer de la valeur ajoutée pour sa ou ses marques nationales, compatible avec le positionnement ou les positionnements marketing de sa ou ses marques, donc avec le prix du marché. Un industriel a toujours intérêt à vouloir conserver la commercialisation de sa ou ses marques nationales quitte à fabriquer aussi des MDD et/ou 1ᵉʳ prix. C'est l'assurance de la pérennité de son entreprise. Mais dans certains cas, il ne le peut pas ou plus, sa seule survie est de fabriquer des marques de distributeur et/ou 1ᵉʳ prix au risque d'être contraint de renégocier année par année à la baisse les prix de cession des produits et donc d'assister à la diminution de sa marge opérationnelle si, parallèlement, la productivité du prix de ses marchandises vendues ne suit pas.

Il existe quelques règles à respecter si l'on veut commercialiser marque nationale et MDD :

- Le 3 fois net de la marque nationale (prix de vente tarif bas de facture y compris promotions sur facture – coopération commerciale) doit être supérieur d'environ 20 % au 3 fois net de la MDD fabriquée.

- L'écart de 20 % (donc davantage en prix de vente consommateur à cause de la coopération commerciale) doit se justifier en différentiation produit ou marketing.

- Quelques tabous qu'il faut définitivement oublier :
  - Les marques de distributeurs ont dorénavant des exigences produits recettes/conditionnements comparables à celles des marques nationales. Certaines enseignes comme Auchan et

Carrefour, par exemple, peuvent même en termes d'innovation être en avance sur certains marchés par rapport à certaines marques nationales. Un industriel sera alors conduit à se servir de ces enseignes comme un laboratoire d'innovation.

– Il faut bien différencier la moyenne des marques de distributeurs, tirée par le bas par certains distributeurs, des marques de distributeurs comme Reflets de France, Escapades, Gourmandes, Gourmet, Palmarès, etc.

– Les 1ers prix sont en termes de recette/conditionnement/origine différents des marques de distributeurs et des marques nationales. Dans ce groupe, on inclura la plupart des produits des hard discounters.

Le tarif et les conditions générales de vente

Le tarif

Établir son tarif est probablement l'acte commercial le plus difficile à bien réaliser.

Ce dernier dépend :

- du prix de vente consommateur cible de son produit ; on parlera du positionnement prix, par exemple être 10 % inférieur au prix de vente consommateur de la marque leader ou bien 25 % supérieur au prix de vente consommateur moyen des marques de distributeurs ;

- de la dégradation tarifaire souhaitée :
    - taux de TVA en vigueur
    - taux de marge avant
    - taux moyen promotionnel (TMP)

- remise sur facture type Conditions Particulières de Ventes acquises au moment de la négociation ;
- du niveau de coopération commerciale à provisionner ;
- de la compatibilité entre, d'une part, son 3 fois net (CA tarif bas de facture – coopération commerciale) auquel on enlève sa marge sur coût variable (MCV) destinée à financer tous ses coûts fixes (production + marketing + commerciaux + administratif) et, d'autre part, ses coûts variables de production.

La présence sur facture des remises commerciales donne en lecture directe (aux coûts de transport et à l'escompte près) le prix de vente consommateur minimum de la marque et des produits.

Porter le maximum de ses conditions sur facture, c'est travailler le prix de vente consommateur de ses marques au détriment des prestations de service hors facture qui dynamisent les opérations en magasin – prospectus, mises en avant, accords de linéaire, etc.

Par conséquent, c'est jouer davantage les enseignes comme les indépendants dont le positionnement marketing reste le discount des marques nationales, au détriment des succursalistes qui recherchent davantage la marge arrière.

A *contrario*, limiter ses remises sur facture, c'est chercher à maximiser les prestations de service hors facture et donc améliorer la marge arrière du distributeur.

Les conditions générales de vente (CGV)

Les conditions générales de vente, au même titre que le tarif, constituent le premier outil de négociation du compte clé. Les industriels ont par ailleurs tout intérêt, depuis la circulaire Dutreil, à anticiper dans leur CGV les conditions générales d'achat (CGA) des distributeurs.

Les CGV doivent prévoir au minimum :

Tarifs	Tarifs hors TVA Référence aux transports Modification de tarif possible à tout moment compte tenu du contexte économique et fiscal Établissement de la facture
Commandes	Délai minimum pour passer commande (afin d'éviter les pénalités de retard) Faculté de refus de vente (depuis 1997 et seulement s'il est justifié) Commande ferme
Livraison	Délai à titre indicatif et sans garantie Encadrement du délai de contestation Taux de service (annuel ou mensuel…) Cas de force majeur (inondations, incendie) Si transporteur, délai de x jours, si direct : responsabilité du fournisseur non engagée
Réserve de propriété	Rappel de l'opposabilité de votre clause (Code du commerce)
Règlement	Convention d'escompte Facture payable selon délais et modes précis
Pénalités	Pénalités distributeur exigibles de plein droit Faculté du refus de vente

Figure 4.1. : Ce que doivent inclure au minimum
les conditions générales de vente (Source : ARDIA d'Aquitaine 25.09.03).

Il faut aussi rappeler que l'absence de CGV constitue une discrimination, que le défaut de communication de CGV oppose le fournisseur à une amende pénale (les CGV doivent être envoyées avec le tarif en recommandé avec accusé de réception [AR] avec un délai moyen de huit semaines, elles n'ont pas besoin d'être signées). Parallèlement, les conditions générales d'achat ne s'appliquent que si elles sont signées, et pour la partie non couverte des CGV.

Conserver une remise progressive pour volume, même limitée comme le mentionne la loi Galland, c'est reconnaître tel ou tel groupe de distribution dans son importance de chiffre d'affaires, ce qui est à éviter. En effet, les deux approches suivantes n'ont pas la même signification.

Schéma 1	
Niveau de volume	Remise correspondante
1 à 100	1 %
101 à 200	1,25 %
201 et plus	1,5 %
(Écart maximum 0,50)	

Schéma 2	
Niveau de volume	Remise correspondante
1 à 50	1 %
51 à 100	1,10 %
101 à 150	1,20 %
151 à 200	1,30 %
201 à 250	1,40 %
251 et plus	1,50 %
(Écart maximum 0,50)	

Figure 4.2. : Deux approches de remise progressive de volume.

L'industriel peut également élaborer les conditions générales de réduction de prix (CGR) en fonction de la gamme qu'il souhaite commercialiser pour autant que ceci n'entraîne pas de pratiques anti-concurrentielles, comme limiter l'accès du marché à d'autres entreprises. Il peut également rémunérer, dans les CGV, la fonction entrepôt du distributeur.

À partir des CGV et du prix de vente constaté des différents produits de son portefeuille de marque, le compte clé peut calculer la marge avant de son client suivant le calcul suivant :

Prix de vente hors taxes (soit le prix de vente moyen constaté dans les magasins de l'enseigne/la TVA)

－   la taxe éco emballage

－   Prix d'achat hors taxe (soit le tarif x [1 − Taux de CGR])

＝   Marge avant distributeur en valeur
    (en % si ramené au prix d'achat hors taxe)

×   volumes en unités consommateur

＝   Marge avant distributeur totale en K€

Il est possible d'effectuer un calcul de comparaison entre le % de volume et le % de marge que représente chaque produit. De plus la marge avant peut être additionnée avec la marge arrière, exprimée en % du CA Galland, pour trouver la marge totale ou « trade margin » du client, réalisée avec les marques et produits de l'industriel.

2. Les moyens commerciaux

Les moyens dont dispose le compte clé sont de deux ordres : le taux moyen promotionnel et la coopération commerciale. Ces deux éléments sont négociés avec le client chaque année et font partie de l'accord national.

Le taux moyen promotionnel (TMP)

C'est un pourcentage d'enveloppe budgétaire sur le CA brut réalisé chaque année avec chacun de ses clients. Celui-ci correspond à une enveloppe non obligatoirement linéaire dans le temps, non affectée à tous les produits et références du tarif et pouvant être utilisés à différentes fins comme :

- des réductions classiques sur facture ;
- des équivalences produits gratuits ;
- des équivalences bon de réduction immédiate mis en place par l'industriel ou le distributeur (ticket Leclerc, Cash back Auchan, Cash Carrefour, etc.) ;
- des équivalences jours d'animation dans les magasins, etc.

La coopération commerciale

La coopération commerciale – ou les prestations de service hors facture (TVA à 19,6 %) – est facturée par le distributeur à l'industriel et correspond à une prestation. Quelques exemples de prestation sont rappelés :

- tracts nationaux,
- participation à des opérations,
- opération consommateur : bon de réduction, animations, gratuité, lots virtuels,
- cartes de fidélité,
- diffusion de statistiques magasins/résultats opération,
- tests nouveaux produits,
- TG, meubles, allées centrales, toutes mises en avant (MEA).

La circulaire Dutreil opte pour une définition plus restrictive de la coopération commerciale puisque celle-ci ne doit viser désormais que les services détachables des opérations d'achat-vente qui sont de nature à stimuler la revente des produits auprès des consommateurs.

L'industriel a tout intérêt à normer la valorisation d'une prestation (valeur différente entre une tête de gondole en hypermarché et en supermarché par exemple) et à définir dans son accord le nombre de tracts ou de têtes de gondole négociés.

3. Les moyens marketing opérationnels

Les moyens dont dispose le compte clé sont de trois ordres : la puissance ou le capital de la marque, les moyens promotionnels et de trade marketing propres à l'industriel, enfin les moyens marketing des enseignes.

La marque

Le lecteur se reportera aux nombreux livres sur la marque de J.-N. Kapferer.

Il faut tout d'abord rappeler qu'en termes de négociation, plus la marque à commercialiser est forte, plus dure et longue sera la négociation. En effet, l'enjeu pour les deux parties est considérable. Pour l'industriel, l'enseigne représente une part importante de son chiffre d'affaires qu'il ne peut se permettre de perdre, compte tenu des investissements lourds engagés sur sa ou ses marques. Pour le distributeur, une marque forte aide à recruter et à fidéliser les consommateurs et génère un budget hors facture d'autant plus important que la marque est puissante et créatrice de chiffre d'affaires.

La politique promotionnelle et de trade de l'industriel

Les offres promotionnelles sur les produits standard des marques nationales sont les premières touchées par la loi Galland. En effet, c'est bien souvent au niveau de ces actions de coopération commerciale qu'étaient réintégrés les budgets de prestations de service hors facture – ce qui entraînait une forte baisse de prix de vente aux consommateurs du produit concerné.

Le législateur a cherché à transférer une partie des promotions distributeurs classiques (baisse de prix), qui se traduisaient par une constitution de stock de spéculation avant la date de la promotion, vers de véritables promotions consommateurs. L'industriel a, par ailleurs, la possibilité d'opposer un refus de vente sur la promotion au cas où un distributeur souhaiterait se constituer des stocks spéculatifs (même avec une baisse de prix moins percutante car reflétant uniquement ce qu'il y a sur la facture) ou limiter les enlèvements de ladite promotion par des quotas ajustés par rapport à l'historique des ventes.

Cette volonté traduite dans la loi Galland renforce les actions promotionnelles et de trade marketing que peuvent proposer l'industriel et son compte clé. Trois types d'actions principales sont possibles :

Les produits spécifiques promotionnels

Ces produits ne figurent pas sur le tarif de l'industriel pour des périodes importantes du plan d'action commerciale de l'enseigne. Il s'agira, par exemple, de proposer des formats de « 8 × 25 cl » dans un pack de bières par rapport à des produits standard sur tarif comme le « 6 × 25 cl » ou le « 12 × 25 cl » ; ou encore d'offrir sur des produits standards des « plus consommateurs » comme des unités gratuites (des bouteilles gratuites dans notre exemple de bière) ou des produits

« stickés » avec un nouveau Gencod, et un bon de réduction à rembourser immédiatement en caisse ; ou encore des primes incorporées dans l'emballage du produit standard – verre pour les liquides, etc.

Il faut s'arrêter un instant sur les produits gratuits et leur approche. En fait, cette technique ne limite en rien la bataille des prix de vente aux consommateurs sur les marques nationales, mais peut être un moyen, en fonction du volume mis sur le marché, de réduire l'écart moyen de prix de vente aux consommateurs entre une marque et un concurrent direct ou la marque de distributeurs.

Il est, par ailleurs, souhaitable de modifier le conditionnement standard pour y ajouter des unités gratuites plutôt que d'inclure celles-ci dans le format standard. Cela évite de faire la comparaison directe du prix de vente d'un conditionnement avec gratuit avec celui d'un même conditionnement standard sans produit gratuit. D'autre part, cette formule permet de développer le chiffre d'affaires du magasin, ce qui est toujours recherché par le distributeur.

Ces opérations promotionnelles sur le produit peuvent être proposées à l'ensemble de la distribution et limitées éventuellement à une période donnée (le mois précédant la période saisonnière par exemple). Il s'agit alors d'actions promotionnelles nationales classiques.

Elles peuvent être jouées différemment et séquentiellement en s'appuyant sur les temps forts des enseignes comme le montre la figure 4.3. On parlera alors de trade marketing.

Mois \ Produits	Conditionnement spécifique X	Conditionnement spécifique Y	Conditionnement spécifique Z
Janvier			Franprix
Février	Auchan		
Mars		Leclerc	
Avril			Atac
Mai	Carrefour		
Juin		ITM	
Juillet	Géant Casino		
Août			Shopi
Septembre		Champion	
Octobre	Leclerc		
Novembre		Casino	
Décembre			Système U

Figure 4.3. : La gestion par enseigne
de trois conditionnements promotionnels spécifiques d'une marque.

Les résultats de vente sont, dans ce cas, d'autant plus favorables qu'ils minimisent le cannibalisme avec les produits standard sur tarif. Toutefois, cette approche exige une gestion par quotas avec dates d'enlèvement précises. Il s'agit tout d'abord de négocier le bon quota par rapport à l'historique des ventes du produit dans l'enseigne et au coefficient multiplicateur espéré en fonction de l'opération enseigne proposée. Il est essentiel de ne pas surévaluer ce quota pour éviter une trop grande queue de promotion qui se retrouverait dans le fond de rayon après l'opération. Il faut de plus faire respecter l'enlèvement du quota négocié par enseigne.

La promotion en produit spécifique qui se retrouve en fond de rayon pénalise la marque et la catégorie de produit, puisqu'elle incite le consommateur à stocker dans l'attente d'une nouvelle promotion. Nielsen estime à 1 % en moyenne la baisse de chiffre d'affaires de la catégorie.

Cependant, si de nombreux produits sont proposés, cette approche devient vite difficile à gérer par le compte clé même si cette vente lui est exclusive. On peut alors faire appel à un service support. Ce recours est nécessaire lorsque les produits promotionnels spécifiques vendus par le compte clé sont aussi proposés aux responsables de centrales régionales et aux magasins des centrales décentralisées par les commerciaux régionaux.

Afin d'éviter de construire une usine à gaz entraînant une inflation des coûts de gestion et de logistique, le système suivant peut être adopté :

- L'affectation d'un conditionnement promotionnel spécifique à chacune des enseignes à l'occasion de leur principal temps fort : le « Trophée des prix » de Leclerc ; « Changeons la vie pour l'an 2000 » d'Auchan ; « Il y en aura peut-être jusqu'à ce soir, on ne sait pas » de Carrefour, etc. On pourra même mélanger produits promotionnels et promotion événementielle suivant la thématique et la demande des enseignes. La gestion des conditionnements promotionnels spécifiques est dans ce cas exclusivement du ressort du compte clé.

- La mise à disposition, à des périodes fixes de l'année, de conditionnements promotionnels spécifiques différents des précédents, non plus réservés au seul compte clé mais également accessible à la force de vente, et gérés en fonction de prévisions de volumes de vente.

Les produits spécifiques non promotionnels

Ces produits, qui eux non plus ne figurent pas au tarif de l'industriel, sont de trois types :

- Le conditionnement spécifique d'une marque adaptée à une enseigne.

Par exemple, une marque de bière qui commercialise un pack de 6 bouteilles, un pack de 12 bouteilles et un pack de 6 boîtes propose de plus un pack de 16 bouteilles fabriqué spécifiquement pour une enseigne. Ou encore, une marque de potage qui commercialise un conditionnement « par 3 » et un « par 5 assiettes » produit en plus un « par 4 assiettes » pour une enseigne donnée.

De plus en plus d'enseignes souhaitent, en effet, en plus de la gamme standard, commercialiser un conditionnement spécifique qui réponde aux caractéristiques particulières de leur propre clientèle.

Certes, avec ces conditionnements spécifiques par enseigne, il existe un risque de refus de vente au niveau des autres enseignes. Il est alors recommandé de leur proposer d'autres conditionnements spécifiques répondant plus précisément à leur clientèle.

Il est possible de proposer une variante au conditionnement spécifique par enseigne en prévoyant un type de conditionnement commercialisable par format d'enseigne, et non plus par enseigne. Ce qui a pour intérêt de réduire le nombre de conditionnements spécifiques à produire.

- Le test de la nouvelle variété ou du nouveau conditionnement d'une marque en exclusivité dans une enseigne.

Il s'agit de remplacer le marché test classique multienseignes par un test exclusif dans une seule enseigne pendant une période déterminée. C'est ce qui a été fait, par exemple, avec la variété Monaco de Panach, mélange de bière, limonade et grenadine.

Ce type de produit spécifique a deux avantages. D'une part, il permet de supprimer toute velléité de la part du distributeur de casser le prix de vente consommateur du produit avant son lancement national, ce qu'un marché test classique ne peut garantir. D'autre part, il permet d'engager un véritable partenariat avec l'enseigne retenue. Les actions promotionnelles peuvent être finalisées avec l'enseigne, et suivies, semaine après semaine, à partir des ventes réalisées par magasin.

Le choix de l'enseigne où la nouvelle variété est testée dépend bien sûr de la meilleure adéquation possible entre l'enseigne et la marque, tant au niveau de l'implantation régionale que de l'image. L'extrapolation des ventes du produit ou de la nouvelle variété en test au niveau national est à nuancer, en tenant compte du partenariat engagé. Les distributeurs sont d'autant plus friands de ce type de produit spécifique en test que l'industriel est reconnu pour ses succès dans les lancements de nouvelles marques ou produits.

- La concession de licence d'une vraie marque

Ce type de produit spécifique est peu éloigné de la marque de distributeur d'une enseigne, puisqu'il s'agit pour un industriel de concéder au distributeur, sur une période donnée et sur un territoire fixé, la commercialisation exclusive d'une marque ou d'un certain nombre de conditionnements d'une marque.

Le concessionnaire, c'est-à-dire l'enseigne, s'engage alors à réaliser les opérations de stockage, de publicité, de promotion des ventes, de distribution et de facturation. Il détermine la politique commerciale de la marque, s'engage à ne pas toucher à ses signes distinctifs (logo, couleurs, graphisme, etc.) qui restent la propriété de l'industriel, à acheter au concédant – c'est-à-dire l'industriel – un volume fixe à un prix 3 fois net et à lui faire parvenir régulièrement un état mensuel des ventes consommateurs.

Les avantages de la concession de licence d'une vraie marque sont multiples. Pour l'industriel, il s'agit de mieux utiliser toutes les marques existantes de son portefeuille, qui bien souvent, suite aux différentes fusions d'entreprises, ne peuvent être toutes suffisamment soutenues. En effet, d'importantes sommes en budget publipromotionnel sont nécessaires pour les animer ou pour lancer de nouvelles marques (de 30 à 60 millions d'euros au dire des spécialistes).

Pour le distributeur, c'est la possibilité d'utiliser, à son seul profit, une marque ayant toujours une notoriété et une certaine image (probablement supérieure à celle qu'aurait une marque propre à l'enseigne), tout en générant une marge analogue à celle d'une marque de distributeur.

L'ensemble de ces produits spécifiques ont leurs propres contraintes, qu'il est utile de rappeler.

- Il est primordial de proposer des produits qui correspondent à la clientèle et à la spécificité de chaque enseigne.

- Ces pratiques, tant au niveau de l'industriel que de l'enseigne, modifient le concept de la négociation. On travaille ici avec un cahier des charges dans lequel les volumes et les dates d'enlèvement et de livraison sont fixées et négociées en partenariat. Les forces de vente des industriels ne sont pas toujours bien préparées à cette évolution commerciale de leur fonction.

- L'accroissement de produits spécifiques et donc de petites séries va à l'encontre de la productivité de l'industrie et exige une grande souplesse de la part de la production et de la logistique. Cependant, elle apporte une meilleure connaissance des prévisions de vente des produits.

Les opérations promotionnelles événementielles thématiques par enseigne

Les actions promotionnelles événementielles par enseigne ne sont ni des promotions nationales classiques sur lesquelles il a été mentionné « Carrefour » ou « Casino », ni des opérations – vulgairement intitulées par certains trade marketing –, dans lesquelles on demande au consommateur de gratter un bulletin. Il s'agit bien d'actions de partenariat spécifiques entre marque et enseigne, qui travaillent leurs deux images au travers d'un événement en utilisant les techniques classiques promotionnelles, publicitaires et médiatiques sur les lieux de vente.

Notoriété et image devront être de valeur identique et de préférence d'assez haut niveau pour la marque et l'enseigne. Une marque faible, avec peu de notoriété ou d'image, n'intéressera pas une grande enseigne et vice versa.

La marque aura ainsi la possibilité d'améliorer des points faibles comme sa pénétration dans l'enseigne ou les quantités achetées, sa visibilité et son accessibilité en linéaire, etc., mais en aucun cas de se faire référencer.

L'enseigne pourra, elle, développer son chiffre d'affaires sur le rayon concerné et renforcer sa notoriété et son identité.

Il existe deux façons d'aborder la problématique :

- La marque utilise un événement planifié par l'enseigne. Il peut être thématique comme « Le cinquantenaire du Débarquement en Normandie » pour le groupe Promodès en 94, « La semaine du goût » chez Auchan, « Le départ en vacances » chez Casino, « La fête des familles » chez Système U... ou commercial comme les « gratuits », « les petits prix » ou « les prix ronds », « la rentrée », etc.

- La marque propose à l'enseigne un événement ou une thématique correspondant à son territoire, à son image. Les loisirs pour Nestlé avec Euro Disney, la musique pour Pepsi Cola avec Tina Turner, le sport pour Buckler avec le rugby, etc.

Dans les deux cas, la problématique de la marque et de l'enseigne doivent être complémentaires. Au-delà du retour sur investissement d'une telle opération, c'est cette complémentarité qui doit guider les décideurs de l'opération. La figure 4.4. donne un aperçu de cette complémentarité pour une enseigne A et une marque X (voir figure 4.4 page suivante).

Bien sûr, ces actions promotionnelles événementielles utilisent toutes les techniques promotionnelles classiques. Elles portent de préférence sur l'image comme les primes, les jeux et concours, les carnets d'achat à valoir dans le magasin de l'enseigne, les bons de réduction (les prix barrés sont à proscrire), les supports de publicité sur le lieu de vente (PLV) pour mettre en valeur l'opération dans les magasins. Elles font appel à des animatrices ou animateurs accueillants, dynamiques, conviviaux, habillés aux couleurs de la marque et argumentant sur les qualités du produit.

Ces opérations requièrent une très longue préparation en commun entre enseigne et marque. Il ne s'agit plus d'une opération décidée

	Enseigne A	Marque X
Territoire	Les continents	Marine, voyage, découverte
Implantation	Forte dans la région Nord, Ile-de-France et Sud-Est de la France	Forte dans la région Nord, Ile-de-France et Sud-Est de la France
Pénétration dans l'enseigne A		Marque X : 0,7 Marque Y : 0,9
Pénétration dans l'enseigne B		Marque X : 1,5
Autres particularités		Sous-représentativité d'un des trois formats de la marque dans l'enseigne A

Figure 4.4. : Complémentarité d'une enseigne A et d'une marque X.

par une marque et proposée à l'ensemble de la distribution, mais bien d'une opération montée à deux entre le département marketing de l'enseigne et l'acheteur de la filière, d'une part, et le compte clé et les responsables *trade marketing ou marketing* chez l'industriel, d'autre part.

Les premières négociations doivent donc être engagées six mois environ avant la date de l'événement car de nombreuses réunions devront avoir lieu avant de finaliser l'opération. Mais tout ce travail en commun impliquera fortement l'enseigne et en particulier les magasins réalisant l'opération pour une enseigne centralisée. L'industriel fournira parfois au magasin la quantité de matériel promotionnel en fonction de l'importance de sa commande de marchandise. Ce point est très important pour le calcul de la rentabilité de l'opération. Le rôle de la force de vente de l'industriel se modifie mais n'en demeure pas moins d'une extrême importance pour la réussite de ce type d'opération. La force de vente ne négocie plus directement l'opération, mais revend celle-ci à chacun des magasins et l'optimise dans les points de vente par une belle mise en place des produits en allée centrale ou en tête de gondole.

Il existe toute une palette d'autres moyens marketing a la disposition de l'industriel comme les animations en magasin avec ou pas dégustation des produits, les bons de réduction immédiats ou différés, etc.

Les nouveaux moyens marketing des enseignes

La loi Galland les a fait naître, la distribution ne pouvant plus se différencier par le prix de vente consommateur ; la circulaire Dutreil les renforce.

Nous ne reviendrons pas ici sur les positionnements des enseignes, sur le développement des cartes de fidélité. Nous insisterons ici sur les nouveaux instruments promotionnels (NIP) de la distribution qui permettent en fait quelque part de résoudre la difficulté de la non-différenciation par les prix de vente consommateur, comme le ticket Leclerc, le cash back d'Auchan et plus récemment le ticket cash de Carrefour.

Le ticket Leclerc

Généralisation du « boomerang » (1997), qui permet de contourner la loi Galland, puisque les bons d'achat valables dans l'ensemble du magasin ne sont pas considérés comme des remises.

Mécanisme : pour un montant d'achats minimal, réalisé sur certains produits ou sur un rayon tout entier, le client obtient un bon d'achat à valoir sur l'ensemble du magasin.

Les détenteurs de la carte Leclerc (6 millions) voient leur bon d'achats abondés de 25 %.

Limite : la carte ne peut être utilisée que dans le magasin qui l'a établie.

Le cash back d'Auchan

Les clients accumulent des réduction en achetant l'un ou l'autre des 400 produits signalés en magasin par le slogan *Waaoh* ; la somme des réductions est reportée sur le ticket de caisse sous la forme d'un avoir à dépenser dès la prochaine visite.

Le couponing ciblé : au moment de leur passage en caisse, les clients se voient remettre des coupons de réduction en fonction des produits qu'ils ont achetés. Ces derniers sont ceux pour lesquels l'industriel a accepté de financer un nombre de cash.

Le ticket cash Carrefour

Le dernier né (milieu 2003).

15 à 20 % du PVC, facturé sur remontée en sortie caisse.

Possibilité d'investir en radio, si remontée importante.

D'une façon générale, les nouveaux moyens marketing des enseignes représentent 10 % des budgets revente consommateur ; les 90 % restant sont réservés à la revente classique (tract, MEA, etc.).

La figure 4.5 illustre la part de voix des différents mécanismes par enseigne d'hypermarchés des nouveaux moyens marketing des enseignes.

	Bon d'achat	Cadeau/ jeu/concours	Lot virtuel	Point carte	Réduction	Autres
Moyenne hyper	1,3 %	77,9 %	4,8 %	5,9 %	3,0 %	7,1 %
Auchan	82,9 %	4,1 %	7,4 %	0 %	3,9 %	1,7 %
Carrefour	10,6 %	13,8 %	42,8 %	0 %	25,3 %	7,5 %
Cora	22,4 %	31,6 %	8,0 %	5,8 %	29,1 %	3,1 %
Géant	0,7 %	20,3 %	9,4 %	48,3 %	18,2 %	3,0 %
Leclerc	0,1 %	95,8 %	0,8 %	0,2 %	0,0 %	3,2 %

*Figure 4.5. : La part des voix des différents mécanismes
par enseigne d'hypermarchés (Source : Arbalet).*

Ces nouveaux moyens marketing enseigne font courir deux risques à l'industriel :

- celui de perte de sa maîtrise promotionnelle et de la performance de la catégorie ;

- celui de travailler davantage pour l'enseigne que pour sa propre marque.

4. Le business plan ou plan opérationnel par enseigne

Pour maîtriser la connaissance de la stratégie de chacun de ses clients, de chacune de ses enseignes, le compte clé va écrire, pour chaque enseigne dont il a la responsabilité, un plan opérationnel. Il va devoir identifier : les points forts et faibles de chacune des marques et produits du portefeuille de son entreprise. Il va mesurer d'une part les menaces ou freins, d'autre part les opportunités ou leviers, tant au niveau des volumes que des aspects référencement et revente (linéaire, prospectus, action promotionnelle et de trade marketing, mise en avant, etc.).

Une méthode – utilisée, entre autres, par le cabinet Perspective –, basée sur un ensemble d'indicateurs, permet de quantifier ces produits forts et faibles, et donc les menaces et opportunités.

▶ **Indicateur 1** – Importance de l'enseigne pour l'industriel.

> Poids du volume du client sur le total des volumes réalisés par l'industriel dans la famille de produits considérée.

▶ **Indicateur 2** – Évolution du volume de l'industriel dans l'enseigne.

> Volume en N – 1, N et prévisions N + 1.

▶ **Indicateur 3** – Performance de l'enseigne sur la famille de produits considérée.

> Part de marché de l'enseigne sur la famille de produits.
> Part de marché de l'enseigne sur le CA tous produits alimentaires.

▶ **Indicateur 4** – Performance de l'industriel dans l'enseigne.

> Part de marché de l'industriel sur la famille de produits dans l'enseigne.
> Part de marché de l'industriel sur la famille de produit au total alimentaire.

▶ **Indicateur 5** – Contribution de l'enseigne en résultat par rapport à la contribution de l'enseigne en chiffre d'affaires.

> Part de résultat dégagée dans l'enseigne chez l'industriel.
> Part du chiffre d'affaires dans l'enseigne chez l'industriel.

Indicateur 6 – Distribution numérique (DN).

Pénétration ou distribution des principales marques
du portefeuille de l'industriel.

Indicateur 7 – Part d'assortiment de l'industriel dans l'enseigne.

Nombre total de références de l'industriel dans l'enseigne.
Nombre de références totales de l'enseigne dans la famille de produits.

Indicateur 8 – Rapport part de marché de l'industriel dans l'enseigne sur part de marché d'assortiment.

Part de marché volume de l'industriel dans l'enseigne.
Part de marché d'assortiment de l'industriel dans l'enseigne
(en nombre de références).

Indicateur 9 – Représentativité de l'offre de l'industriel dans l'enseigne.

Nombre total de références de l'industriel dans l'enseigne.
Nombre moyen de références de l'industriel dans le réseau correspondant
(hypermarchés ou supermarchés).

Indicateur 10 – Performance de l'enseigne en marques de distributeurs.

Part de marché des marques de distributeurs dans l'enseigne,
dans la famille de produits.
Part de marché nationale des marques de distributeurs
dans la famille de produits.

Indicateur 11 – Ouverture aux nouveautés.

Évolution de la rapidité des procédures de référencement
des nouveaux produits dans l'enseigne.

◗ **Indicateur 12** – Performance promotionnelle de l'enseigne dans la famille de produits.

Part de voix promotionnelle de l'enseigne dans la famille de produits.
Part de marché volume de l'enseigne dans la famille de produits.

◗ **Indicateur 13** – Performance promotionnelle de l'industriel dans l'enseigne sur la famille de produits.

Part de voix promotionnelle de l'industriel dans l'enseigne
sur la famille de produits.
Part de marché volume de l'industriel dans l'enseigne
sur la famille de produits.

◗ **Indicateur 14** – Performance promotionnelle de la marque leader dans l'enseigne et la famille de produits.

Part de voix promotionnelle de la marque leader
sur la famille de produits dans l'enseigne.
Part de marché volume de la marque leader
sur la famille de produits dans l'enseigne.

◗ **Indicateur 15** – Comportement des consommateurs de la famille de produits dans l'enseigne.

Comparaison de l'enseigne et au total alimentaire en QA/NA de l'industriel
au niveau de la famille de produits de l'industriel et du concurrent direct.

◗ **Indicateur 16** – Représentativité linéaire de l'industriel par rapport à son concurrent direct dans l'enseigne.

Indice de part de linéaire de l'industriel
par rapport à son concurrent direct dans l'enseigne.
Indice de part de marché volume de l'industriel
par rapport à son concurrent direct dans l'enseigne.

◗ **Indicateur 17** – Représentativité de l'industriel par rapport à son concurrent direct sur le total des hypermarchés ou supermarchés.

> Indice de part de linéaire de l'industriel
> par rapport à son concurrent direct sur le total des hypermarchés.
> Indice de part de marché volume de l'industriel
> par rapport à son concurrent direct sur le total des hypermarchés.

◗ **Indicateur 18** – Impact *goodwill*.

> Notation de la relation entre l'industriel et l'enseigne, sur un mix fréquence/qualité et sur une échelle de 1 à 10. L'ensemble des contacts sont notés (acheteur, commission d'achat, trade marketing, développement commercial ou marketing/merchandising, entrepôts régionaux, magasins, etc.).

◗ **Indicateur 19** – Degré d'ouverture et capacité de l'enseigne au partenariat.

Enfin d'autres informations peuvent être collectées dans les magazines professionnels tels que « LSA », « Points de vente » ou « Linéaires ».

Le coût par client avec répartition des investissements par enseigne suivant la figure 4.6.

À l'aide de la revue d'enseigne et du coût des investissements correspondant à l'année N, le compte clé et son supérieur, directeur des comptes clés ou directeur commercial, identifient le choix des investissements pour l'année N + 1. Pour chacune des enseignes, ce choix prend en compte les objectifs propres de chaque produit du portefeuille établi par le marketing dans le cadre des Plans opérationnels des marques (*brand review*).

CHIFFRE D'AFFAIRE BRUT
     = Volumes x prix tarif des marchandises hors taxe et éco-emballage
     – Remises promotionnelles ou spécifiques
     = CHIFFRE D'AFFAIRES NET

Sur facture
– Conditions générales de réduction des prix
= CHIFFRE D'AFFAIRES NET NET GALLAND

Hors facture	Variable en % (du CA net)	Fixe en K€	total en %
Coopération spécifique	%		
+ Groupement			
+ Volume (progressive ou challenge)	%		
+ Linéaire	%		
Distribution	%		
+ Assortiment		K€	
+ Référencement nouveau produit		K€	
Revente			
+ Opérations nationales	%	K€	
+ budget régional	%	K€	
+ Opération trade marketing	%	K€	
+ Prootion média		K€	
+ Complément de revente	%	K€	
Total prestation de service (hors facture) sur le net =	%	K€	$\% + \dfrac{K€}{CA\ net}$

CHIFFRE D'AFFAIRES 3 FOIS NET = CA net net – Prestations
                                          de service (hors facture)

Part du service dans CA brut %
Part sur facture + prestations de service dans CA brut %

Figure 4.6. : Coût par client avec répartition des investissements.

Par exemple : supposons qu'une marque A, challenger, donc n° 2 d'un marché, ait l'objectif de développer fortement sa part de linéaire dans les magasins. La personne en charge de l'ensemble des enseignes – directeur commercial ou compte clé –, identifie les enseignes qui proposent un service centralisé linéaire, leur affecte un budget correspondant avec, comme contrepartie, le développement du linéaire. Le compte clé peut être parallèlement conduit à refuser à sa force de vente toute rémunération de facings dans les enseignes dont les magasins sont décentralisés. Cela alimenterait la surenchère vis-à-vis de son concurrent, qui aura toujours un plus gros budget potentiel rapporté à son chiffre d'affaires. Ce serait probablement le contraire si cette marque A était leader et non pas challenger sur le marché.

Chaque investissement hors facture est analysé suivant les objectifs de chacune des marques et les politiques de chacune des enseignes par année N + 1. Le total des investissements supplémentaires hors facture doit bien sûr être compatible avec l'investissement total accordé pour chacune des enseignes et pour l'ensemble des clients.

La figure 4.7. résume la stratégie en investissements ainsi établie sur l'année N + 1 (voir page suivante).

Au niveau du planning, la monographie (ou revue d'enseigne) et le plan opérationnel se construisent au troisième trimestre de l'année N. Bien sûr ils doivent être prêts avant la négociation qui démarre au quatrième trimestre, mais le plus tardivement possible dans l'année N, afin de récolter le maximum d'informations sur les volumes, les référencements et les performances des actions promotionnelles. Celles-ci reflètent en effet les tendances réelles des marques et des produits dans chacune des enseignes.

| | Total des enseignes alimentaires | | | | | |
| | Enseigne 1 | | | Enseigne 2 | | |
	Marque A	Marque B	Marque C	Marque A	Marque B	Marque C
Coopération spécifique						
Assortiment						
Revente consommateur (classique et nouveaux moyens marketing enseigne)						
Total prestation de services hors facture						

Figure 4.7. : Stratégie d'investissement par marque et par enseigne pour l'année N + 1.

5. La fiche de négociation

La fiche de négociation a deux objectifs. Le premier est de dresser un état des volumes et investissements pour chaque enseigne sur l'année N. Ceux-ci devront être comparés aux objectifs de l'année N + 1 établis en fonction des différentes simulations réalisées par le compte clé ou son contrôle de gestion. L'état reprendra donc le coût client avec répartition des investissements sur l'année N et N + 1 et écarts comme l'illustre la figure 4.8.

Pour établir les bonnes structures d'investissement sur l'année N + 1, il faudra auparavant analyser les gisements de performance de l'accord qui a été conclu avec l'enseigne X sur l'année N, en identifiant :

- les points forts et faibles de l'accord ; ceux qui n'ont pas pu être respectés et pour quelles raisons ;
- les éventuelles dérives financières au niveau national et terrain ;
- les mauvaises interprétations de l'accord, et leurs raisons ;
- les lignes les plus performantes en chiffre d'affaires ;
- les réactions de la force de vente à l'application de l'accord ;
- la rentabilité de chacune des opérations de la coopération commerciale.

	Année N	Année N + 1	Écarts
Chiffre d'affaires brut			
Remise promotionnelle			
Conditions particulières de vente			
Net net Galland ou 2 fois net			
Coopération spécifique			
Assortiment			
Revente consommateur (classique et nouveaux moyens marketing enseigne)			
Total prestations de service			
Chiffre d'affaires trois fois net			
Autres : international, etc.			
Coût client total			

Figure 4.8. : Écart coût client entre N et N + 1.

Le second objectif est de planifier l'investissement accordé à chaque rencontre en fonction, à la fois, de l'investissement supplémentaire prévu pour chaque enseigne, et du nombre de réunions de commission prévues pour la négociation annuelle. La logique veut que ce plan d'investissement accordé soit arithmétiquement décroissant en fonction de l'avancement des visites.

Chacune des visites ainsi programmées sera préparée en mettant l'accent sur :

- les objectifs et leur hiérarchisation ;
- les points à négocier pendant la visite ;
- l'exigence initiale et les points limites de chacun des objectifs ;
- les concessions possibles avec leurs contreparties ;
- les résultats de la visite avec les commentaires et les enseignements à tirer pour la prochaine visite.

6. L'argumentaire

Cette partie sur les moyens commerciaux et marketing mis à la disposition du compte clé serait incomplète si l'on n'évoquait pas l'argumentaire et son importance dans la négociation. Aujourd'hui, les principaux distributeurs, notamment alimentaires, ont appris à connaître les marchés et leurs consommateurs, les performances des marques et produits des industriels qui le composent. Aussi est-il encore plus fondamental pour un compte clé et sa force de vente de posséder un tel argumentaire, divisé en plusieurs parties, comme suit :

- L'entreprise.
- Le marché sur lequel il opère, et ses consommateurs.

– Ses marques et produits avec positionnements, performances des actions réalisées en N − 1 dans les magasins (linéaire, promotions, têtes de gondole, etc.) et actions de l'année à venir en N (publicité et médias utilisés, nouveaux produits, plan promotionnel, etc.).
– Fiche technique et tarif de chaque produit.

Cet argumentaire, simple à découvrir et à lire, doit retenir l'attention par des photos adéquates et des couleurs appropriées pour insister sur des faits mesurables. Il doit revêtir la forme d'un multipages sur papier cartonné, ou bien, encore mieux aujourd'hui, être incorporé dans le micro-ordinateur du compte clé ou de tout commercial de l'entreprise.

CHAPITRE 5

Négocier avec les acheteurs de la distribution

– Savez-vous que c'est fort mal d'écouter ?
– C'est pourtant tout ce qu'il y a de mieux pour entendre.
BEAUMARCHAIS

Le compte clé maîtrise les quatre variables du commercial mix : la politique générale et commerciale de son entreprise, les objectifs de chacune des marques de son portefeuille, la stratégie de chacun de ses clients, les réactions des consommateurs dans les magasins aux actions commerciales promotionnelles et merchandising qu'il a récemment négociées puis optimisées avec sa force de vente.

Mais le cœur de la fonction du compte clé reste à aborder. Il s'agit de la négociation avec ses clients ; négociation des accords annuels avec les centrales d'achat, négociation des plans promotionnels et merchandising avec les enseignes. La négociation de l'année N n'est même pas encore finalisée qu'il faut démarrer celle de l'année N + 1.

Par définition, les objectifs des deux parties en présence, d'un côté le fabricant industriel représenté par son compte clé, de l'autre la chaîne de distribution représentée par son acheteur, sont opposés. L'industriel cherche à diffuser largement sa ou ses marques et à accélérer leur rotation en magasin pour en augmenter le volume et le chiffre d'affaires au meilleur coût. Par ailleurs, il ne peut pas, sauf rares exceptions, se passer d'un référencement dans telle ou telle chaîne de distribution. Le distributeur, quant à lui, a pour rôle d'acheter aux meilleures conditions les meilleurs produits, correspondant aux besoins et aux goûts des consommateurs afin de les attirer dans ses magasins, de les fidéliser et de leur faire accroître leurs dépenses. L'acheteur peut se passer par exemple de fournisseurs n'acceptant pas les conditions commerciales demandées. Il faut toutefois que ces fournisseurs ne soient pas en position de monopole ou que leur marque ne soit pas incontournable (comme Coca-Cola, Ariel, etc.) au point que leur absence pousse les consommateurs à changer d'enseigne. Les logiques économiques des deux parties sont donc opposées.

Mais tous deux cherchent à satisfaire au mieux leur client consommateur pour accroître le chiffre d'affaires. La relation conflictuelle bien connue entre fabricants et distributeurs n'est-elle pas de nature à évoluer vers une forme de collaboration visant à mieux prendre en compte les aspirations de leurs clients communs, les consommateurs ?

1. Avec qui :
le marketing enseigne ou les acheteurs ?

Le marketing enseigne a pris ces dernières années énormément d'importance dans le processus de référencement d'un fournisseur. On peut résumer son rôle aux deux actions suivantes :

- Définir les unités de besoin par marchés. Par exemple sur le marché du foie gras en conserve, tel responsable enseigne hypermarché déterminera le nombre de références totales devant être présentes en fond de rayon et d'une façon permanente, et divisées par :
  - Segment : entier, 100 %, bloc morceaux, bloc homogène.
  - Type de fournisseur : 1er prix, MDD, marques nationales (elles-mêmes pouvant être divisées en haut de gamme et bas de gamme par exemple).

- Construire les planogrammes d'un marché par format de magasin.

Dans certains groupes de distribution, plusieurs responsables marketing enseigne coexistent avec un seul acheteur marque nationale. Par exemple, chez Carrefour, il existe : 1 responsable marketing Carrefour (appelé développeur offre hypermarché), 1 marketing Champion, 1 marketing Proximité, 1 marketing Promocash et 1 marketing Prodirest pour 1 seul acheteur marques nationales Carrefour + Champion + Proximité + Promocash + Prodirest.

Une fois les unités de besoin définies et le planogramme par format construit, le rôle de l'acheteur est d'identifier les meilleurs fournisseurs/produits pour répondre à ces exigences. Pour cela l'acheteur rencontre les différents fournisseurs d'un marché et sélectionne les meilleures offres produits sur ces critères : rotation ou ventes moyennes mensuelles relevées au panel multipliées par la marge arrière négociée + marge avant souhaitée par le distributeur.

La négociation avec la distribution se fait donc aussi bien avec le marketing enseigne qu'avec l'acheteur auxquels il faut ajouter les autres décideurs comme les chefs de file régionaux, les directeurs de magasin indépendant, qui siègent dans les commissions et qui peuvent influencer l'acheteur dans un sens ou l'autre.

Nous avons résumé dans la figure 5.1. quels sont les décideurs des principales enseignes, les lieux de négociation et les différents points de la négociation.

Hypermarchés	Lieu	Assortiment	Planogramme	Communication	Terrain
Carrefour	Levallois	Développeur offre hyper	Développeur offre hyper	Acheteur	Acheteur
Casino	Croissy Beaubourg + St Etienne	Marketing et acheteur	Marketing	Marketing promotion + acheteur	Chefs de file
Auchan	Villeneuve d'Ascq	Category manager	Category manager	Acheteur	Chefs de file
Cora/Match	Croissy	Marketing	Marketing	Acheteur	Chefs de file
Leclerc	Issy les Moulineaux			Groupe de travail (GT)	16 Sca + magasins

Supermarchés	Lieu	Assortiment	Planogramme	Communication	Terrain
Atac	Viroflay	Acheteur	Merchandising	Acheteur	4 entrepôts
Champion	Levallois/ Evry	Développeur offre super	Développeur offre super	Acheteur Carrefour	NA
Intermarché	Bondoufle	Permanent et adhérent	Marketing	Permanent et adhérent	16 bases
Monoprix	Boulogne	Acheteur	Acheteur	Acheteur et Média Cosmos	Magasins
Système U	Créteil	Acheteur	Marchandising	Acheteur + communication	4 entrepôts

Figure 5.1. : Où et avec qui négocier en hypermarchés et supermarchés.

2. Conflit ou partenariat ?

D'emblée, il faut souligner que la relation industriel-distributeur dans la négociation sera toujours conflictuelle et affective, car elle est l'expression d'une lutte pour la conquête du pouvoir économique. Mais elle s'appuiera de plus en plus sur l'objectivité, sur le factuel et sur des outils en nombre croissant, qui permettront aux deux antagonistes de partager les informations et de construire ensemble.

Une relation conflictuelle dans sa forme

Pourquoi le compte clé est-il voué à toujours vivre des moments conflictuels dans sa négociation avec son client ?

Tout simplement parce qu'il y a plus d'une génération que cela fonctionne ainsi. Les distributeurs, emmenés par les indépendants, ont acquis une dextérité hors du commun dans l'art de la négociation. Cela semble leur avoir été bénéfique tout du moins pour l'obtention de meilleures conditions d'achat et la baisse continuelle des prix de vente consommateur des marques fortes. C'est beaucoup moins le cas depuis la loi Galland. Mais cette puissance a-t-elle permis de développer leur chiffre d'affaires ?

Jusqu'à ces dernières années, la réponse est positive, car le nombre de leurs magasins a pu s'accroître. Aujourd'hui, cela devient moins évident car le consommateur en grande distribution a retenu la leçon : il achète le discount, les promotions, etc. et la valeur des produits achetés s'est considérablement réduite.

De son côté, l'industriel, par l'intermédiaire du compte clé, « baigne » depuis de nombreuses années, dans l'affrontement de fin et de début d'année, ici à un GT Leclerc, là à une commission Carrefour, là-bas à une file Cora, là encore à un permanent Intermarché.

Certes, le nombre de réunions pour les accords annuels s'est fortement réduit ces dernières années : d'une dizaine de réunions on est passé à trois ou quatre. Mais l'objectif est le même : comment faire accepter mon tarif tout en limitant le montant de la dérive que mon entreprise accepte de redonner à la distribution ? ou depuis la loi Galland, comment ne pas gonfler mon budget de coopération voire comment le limiter en fonction des véritables contreparties proposées par le client ?

La partie est sévère, la marge de manœuvre, de part et d'autre, réduite.

Avec le développement des marques de distributeurs, la concurrence entre l'industriel et son client s'est même renforcée. Comment un industriel peut-il accepter de laisser sa marque se faire plagier par une marque de distributeur ? Comment ne pas avoir le sentiment, à tort ou à raison, de financer pour partie, par le jeu des prestations de services, le développement de la marque de distributeurs de son client qui concurrence directement la sienne ? Pourquoi un industriel doit-il financer des prospectus, s'il ne souhaite pas y participer ? Pourquoi doit-il régler les factures des mises en avant qui n'ont pas pu être effectuées dans certains magasins ? Pourquoi vouloir lui imposer une participation financière pour des actions de promotion, des cartes de fidélité, etc., si cela ne correspond pas à sa stratégie et aux objectifs de sa marque ?

Les distributeurs répondent qu'il s'agit alors d'un tout et qu'ils ont à financer les magasins, le personnel, les frais de stockage et de gestion, l'électricité, etc., et cela est vrai. Mais qui a décidé de prendre peu ou pas de marge avant sur les produits que l'industriel commercialise ? Le distributeur reste-t-il un distributeur ou est-il devenu un commerçant ? Et les distributeurs de renchérir sur la massification des ventes d'une marque obtenue grâce au nombre important de points de vente de leurs enseignes, grâce à la publicité faite au bénéfice des marques par les prospectus, les médias dans les magasins, les mises en avant, les actions de type trade marketing…

De la possibilité d'accompagner le lancement de marques nouvelles et d'atteindre le point mort le plus rapidement possible par l'obtention de gros volumes, au développement potentiel des marques qui souhaitent s'exporter grâce à un réseau de plus en plus large de magasins hors de nos frontières, la liste des services que les distributeurs proposent à leurs fournisseurs est large et variée.

- Le référencement de nouveaux produits.
- La maintenance, en prenant en charge eux-mêmes la gestion des linéaires.
- La mise en avant (têtes de gondole, stops rayon, etc.) en promouvant les produits et en animant les allées des magasins.
- L'ouverture du magasin ou son agrandissement.
- Catalogues nationaux et prospectus régionaux.
- Reprise des invendus.
- Partage des économies de l'industriel (force de vente, EDI, etc.).
- Pénalités (changement de codes barres etc.).
- Centralisation des moyens de paiement.
- Échange d'informations (statistiques etc.).
- Garantie de fin de rupture de stock.
- Dossier de développement (linéaire par exemple).

Figure 5.2. : Les services distributeurs qu'un industriel doit acheter pour espérer vendre (Source : L'Essentiel du Management, *mai 1995).*

La liste des arguments de chacun est inépuisable et ils ont tous un fondement. Le tableau de la figure 5.3. reprend les zones de conflit marketing entre les deux protagonistes.

Marketing	Producteur	Distributeur
Segmentation	Base : besoin par rapport au produit (exprimé ou supposé)	Base : besoin d'un ensemble de services marchands par rapport à une formule de vente
Concept produit	Avantage recherché : le« plus » par rapport à d'autres producteurs	Concept point de vente
Positionnement	Mise en avant de la marque producteur	Mise en avant de l'enseigne ou de la marque liée à l'enseigne

Produit	Mise en avant des « plus » pour les produits et les innovations	Mise en avant d'un assortiment de produits et marques différents
Rôle de présélection	À compléter	À compléter
Marque	Accent sur la marque propre	Accent sur la marque de distributeur
Services/Garantie	Liés au produit, mais aussi négociés avec le distributeur	Un moyen de valoriser les magasins de l'enseigne
Prix	Cohérence du prix par rapport à l'ensemble des produits sur le marché chez les différents distributeurs et sa propre politique	Tendance à un prix plus élevé
Prix d'appel	Prix, élément important de son positionnement	Vente à perte
Choix	Selon la politique de : – sélectivité (produit de luxe) – de masse (produit de base)	Son propre assortiment Avec une présence plus ou moins grande de ses propres marques
Couverture	Maximum de présence dans le type de distribution retenue	Dépendant d'un positionnement, de gestion, des éléments complémentaires
Lieu	Meilleure présence du produit en rayon, avec meilleur service	À compléter
Logistique	Pas de prévision juste	Rupture ou surstocks
Communication	Publicité de marque (image, positionnement, fidélisation, etc.)	Publicité d'enseigne (image, etc.) d'attraction (création de trafic)

Promotion	Ponctuelle	Permanente. Fait partie du positionnement par rapport aux prix et à l'animation
Merchandising	En fonction de la part de marché et de la situation concurrentielle	En fonction de la politique d'enseigne et des caractères de sa marque propre
Force de vente	Négociation à tous les niveaux	Vendre, faire respecter, conseiller, animer, etc. Double rôle vers l'amont : vers le chaland (information, conseil, etc.)

Figure 5.3. : Les zones de conflit
liées à la nature des deux types de marketing.

Mais ce qui est commun aux deux parties, c'est qu'il en va parfois même de la survie de l'entreprise, qu'elle soit distributive ou fabricante. La bataille est sans merci : le nombre de sociétés industrielles ou de distribution rachetées ou disparues en témoigne.

Les deux camps en présence sont formés à la négociation. Quelques astuces sont bien connues des acheteurs de la grande distribution. Il ne faut jamais en commission se montrer, par exemple, enthousiaste avec un vendeur, et il faut toujours réagir négativement à la première offre, se répartir les rôles de bon et mauvais, répéter sans arrêt les mêmes objections, penser que 80 % des concessions se font dans la dernière étape, etc. Les industriels travaillent leurs techniques et affûtent leurs armes : ils multiplient le nombre de rendez-vous annuels, planifient le pourcentage de dérive accordé par rendez-vous, parlent de tout sauf d'argent, donnent un contenu à tout refus, etc.

Le rôle de l'acheteur

Quels que soient les arguments exploités par les uns et les autres, un industriel, par l'intermédiaire du compte clé, doit pouvoir bien identifier la fonction stratégique d'un acheteur en centrale d'achat, la difficulté et le côté solitaire du métier mais aussi ses pouvoirs.

Dans la grande distribution, il y a équivalence entre une augmentation de ventes de 20 % et un accroissement de la productivité de 5 % matérialisée par une amélioration des conditions d'achats.

Cela se mesure dans l'analyse de la structure moyenne du résultat reproduit en figure 5.4. et de la marge nette commerciale en figure 5.5.

Prix de vente		100
– prix d'achat		87
= marge nette commerciale		13
– frais de personnel	3,2	
– frais financier sur stock	0,3	
– entretien/énergie	0,5	5,6
– publicité	1,4	
– informatique, gestion	0,2	
= marge nette frais flexibles		7,4
– frais de structure (centrale et logistique)		5,4
= résultat opérationnel		2,0

Figure 5.4. : Structure moyenne du résultat.

Marge sur facture	10	%
+ escompte	0,5	%
+ remises type prestations de services	3,5	%
=	14,0	%
+ produits financiers	1,0	%
− démarque connue	1,2	%
− démarque inconnue	0,8	%
=	13	%

Figure 5.5. : Calcul moyen de la marge nette commerciale en pourcentage.

Un acheteur agit donc à trois niveaux : en fixant le prix de vente consommateur, il détermine son taux de marge avant ; en négociant les prestations de services, il fixe sa marge arrière ; enfin, à ne pas négliger, en augmentant son crédit fournisseur, il obtient une marge de trésorerie.

Prenons l'exemple d'un chiffre d'affaires de 10 milliards d'euros. Une bonne gestion crédit-fournisseur/jours de stock rapportera 90 millions. Ce qui représente près de 1 % du CA, pourcentage proche de la moyenne des résultats opérationnels dans la grande distribution.

$$\frac{\text{CA x (nbre de jours de crédit fournisseur} - \text{nbre de jours de stock)}}{\text{nombre de jours dans l'année}}$$

$$\frac{10 \times (75 - 20)}{365} = 1,5 \text{ milliard placé à 6 \% soit 90 millions}$$

L'acheteur fait un métier difficile car il gère des objectifs contradictoires entre la centrale, les magasins et les entrepôts. Prenons l'exemple d'une gamme de produits. En centrale, elle doit être large et cohérente ; en magasin, plus limitée à cause de la place en linéaire, mais suffisamment souple pour tenir compte des particularités régionales ; enfin dans les entrepôts, il faut des assortiments à forte rotation pour minimiser le coût de stock. Et l'acheteur doit rester crédible dans ses engagements vis-à-vis de ses collègues et du fournisseur qui constitue sa ressource essentielle.

Dans la négociation, l'acheteur utilise plusieurs moyens pour donner du poids à son exigence initiale.

« Cette année notre demande est de 20 % supplémentaire », pourrat-il affirmer en début de négociation annuelle.

L'acheteur peut ainsi couper les ressources du fournisseur en ne référençant plus son ou ses produits, il peut faire sortir la négociation de sa logique, faire rentrer le compte clé dans une dimension émotionnelle ou encore le contraindre à dévoiler rapidement ses objectifs prioritaires. Mais contrairement au compte clé qui négocie en souhaitant comprendre et en utilisant le temps, l'acheteur veut convaincre et essaye de conclure vite. L'acheteur pose son exigence rapidement. Le compte clé bloque sa demande en lui montrant qu'il souhaite continuer d'avancer et de construire mais pas au niveau financier demandé, d'où le conflit.

Par ailleurs l'acheteur a du pouvoir. Au-delà de sa volonté d'exercer ce pouvoir (pouvoir exprimé) et de sa capacité de le faire (pouvoir perçu), son pouvoir intrinsèque (pouvoir réel) dépend de plusieurs facteurs :

1. La possibilité de remplacer la marque ou le produit de l'industriel par un produit analogue (on parlera de produits indifférenciés) avec coût de transfert faible.

On peut ainsi classer quatre types d'achat en fonction de l'importance du chiffre d'affaires et de la possibilité de substitution comme le montre la figure 5.6.

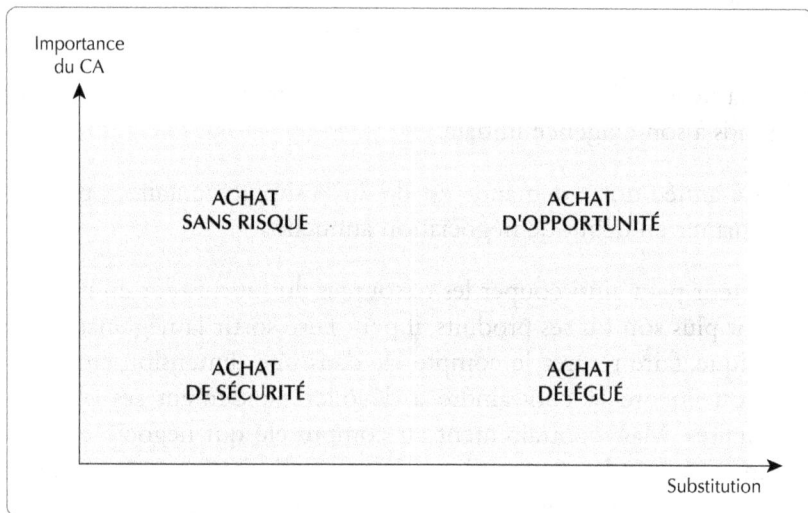

Figure 5.6. : Les quatre types d'achat (Source : Cegos).

2. La connaissance plus ou moins importante des marchés, des marques et de leurs performances dans les linéaires au travers des promotions.

3. La capacité d'influencer les relations avec l'industriel par le jeu des prises de rendez-vous.

4. La maîtrise du temps : moins l'échéance est connue et rapprochée, plus le pouvoir est important.

5. L'autorité à sanctionner : l'acheteur en joue beaucoup mais il l'emploie le plus rarement possible.

Le rôle du compte clé va donc être de lutter contre ce pouvoir et de rééquilibrer le rapport de force, en exploitant chaque point de faiblesse de l'acheteur ou en s'appropriant, à son tour, le pouvoir dans la négociation. Mais de fait, le rééquilibrage évolue au gré de la négociation et des rendez-vous sans arriver à se stabiliser durablement : la relation reste conflictuelle.

Une évolution vers le partenariat

Un événement important risque toutefois de modifier la relation. Jusqu'à la loi Raffarin, l'augmentation du chiffre d'affaires des distributeurs provenait pour une bonne part de la création de nouveaux magasins ou de leur agrandissement. Aujourd'hui, le distributeur ne peut plus augmenter son chiffre qu'en exportant son concept à l'étranger ou en cherchant à accroître le chiffre d'affaires des magasins existants.

Et jusqu'à la loi Galland, le développement du chiffre d'affaires des magasins existants passait en grande partie par la surenchère que se faisaient entre elles les différentes enseignes sur le prix de vente consommateur des marques nationales marketées. Cela n'étant plus possible, sauf pour les marques ou produits pour lesquels les distributeurs prennent encore de la marge avant, d'autres moyens doivent être trouvés pour accroître le chiffre d'affaires des magasins.

À ce niveau, il existe deux possibilités :

• Soit la relation industriel-distributeur se fixe sur le montant total des prestations de service et le conflit risque de perdurer.

- Soit la relation industriel-distributeur se cristallise sur l'optimisation de la prestation de service dans le but essentiel de développer le chiffre d'affaires du marché ou du rayon, avec comme
corollaire les ventes de chaque industriel au prorata de ses parts
de marché. Et la relation deviendra plus factuelle et plus objective. La bataille se déroulera davantage en amont que pendant
les rendez-vous officiels de la négociation dont le nombre se
réduira d'autant. Il s'agira alors de travailler ensemble en
équipe sur les rayons, sur l'innovation et les produits, sur l'optimisation des performances merchandising et promotionnelles,
sur la réduction des coûts partagés, etc.

À ce stade, il est possible de dresser la liste non exhaustive des raisons
qui peuvent conduire les négociations entre les industriels et les distributeurs à plus de maturité, à davantage de partenariat :

1. L'impact des lois Raffarin et Galland déjà citées, sur le développement du chiffre d'affaires des magasins.

2. La transparence des informations grâce aux codes barres sur les
articles scannérisés aux sorties de caisse, et aux accords avec les
sociétés de panel, qui permettent des analyses plus fines et partagées sur les performances des produits (voir chapitre 1.2.).

3. La centralisation des décisions chez les distributeurs, tant sur les
gammes que sur les aspects merchandising et promotionnel
(voir chapitre 3.3.).

4. Le travail initié dans certains groupes de distribution sur la
connaissance des rayons et des univers en partant du comportement du consommateur (voir chapitre 5.3.).

5. La réduction des coûts rendue possible par l'échange des données informatiques (EDI) entre le distributeur et l'industriel, et permettant le développement de nombreux chantiers de partenariat.

Comment trouver des gains de productivité ?

Il s'agit pour le distributeur d'obtenir une réduction très forte des coûts de fonctionnement, non seulement dans sa propre entreprise, mais aussi chez l'ensemble de ses fournisseurs organisés en filière. Cette stratégie est nouvelle dans la pensée de la distribution qui était particulièrement tournée jusqu'à présent vers l'optimisation des achats.

Le développement des entrepôts dans les chaînes de distribution, il y a plusieurs années, aux fins de spéculer sur les hausses de tarif ou les promotions, a entraîné une forte augmentation des stocks. Cette stratégie pouvait se concevoir tant que le taux de l'argent était faible. Avec la hausse de ce dernier dans les années 1980, la politique de stockage semble coûter plus cher qu'elle ne rapporte : 2 à 4 % du chiffre d'affaires sont à gagner, en maîtrisant davantage les coûts de stock, les coûts du process ou de fonctionnement et les coûts administratifs. L'argent est redevenu bon marché mais les distributeurs maintiennent une politique de stock minimum.

L'Efficient Consumer Response (ECR ou la réponse efficace au consommateur) s'est imposée très vite comme l'aboutissement de l'évolution de la chaîne de distribution. Elle se divise en quatre grands domaines d'application.

1. L'assortiment
   – Comment optimiser la productivité des stocks et de l'espace au point de vente ?

- Comment gérer un assortiment large pour répondre aux différents besoins en fonction des régions, des tailles de magasins et des saisons ?
- Comment mettre à jour les données sur les produits dans des délais les plus rapides et en minimisant les erreurs ?
- Comment gérer la complexité des prix d'achat (autant de cascades de prix qu'il existe de fournisseurs) ?
- Comment mettre à jour les données de prix à chaque point de commande ?

2. Le réapprovisionnement
   - Comment optimiser le temps et les coûts, de la ligne de production au rayon du magasin ?

3. Les promotions
   - Comment maximiser l'efficacité des actions promotionnelles des distributeurs et des consommateurs ?
   - Les écarts de performances commerciales en magasin se feront par l'aptitude à animer son rayon, donc à fixer les meilleurs prix avec une forte attraction commerciale.

4. Les nouveaux produits
   - Comment maximiser les effets de la mise sur le marché de nouveaux produits dans le processus d'introduction, de développement et d'industrialisation ? Pour un distributeur, il s'agit de savoir être le premier à connaître puis à commercialiser les nouveaux produits.

Les outils du partenariat

Quatre moyens sont mis en œuvre :

L'échange de données informatiques (EDI)

Cette technique n'est rien d'autre qu'un moyen de communication permettant de véhiculer les fiches produits, les commandes, les factures ou toute autre information commerciale entre les ordinateurs du distributeur et de son fournisseur.

D'après les adhérents ECR France, le pourcentage de fournisseurs passant des commandes par l'EDI est passé de 50 % en 1997 à 80 % en 2000. Le traitement des fiches produits traitées par l'EDI, en revanche, n'a pas pris l'ampleur attendu du fait du développement de l'Internet. Début 2000, les avis d'expédition concernent 30 % des industriels et 55 % des distributeurs, les factures 55 % des industriels et des distributeurs, enfin les états d'inventaire, très utiles pour la mise en place du GPA, les 2/3 des adhérents de cette association.

Les liaisons d'ordinateur à ordinateur évoluent fortement avec le développement de l'Internet. Ainsi Carrefour a manifesté, dès mars 2000, sa volonté de se brancher sur 50 000 fournisseurs, en lançant avec la société Sears, une véritable place de marché électronique intitulée « GlobalnetXchange ». Concrètement, cela permet aux membres du réseau d'acheter, de vendre, d'échanger ou de proposer aux enchères des biens et des services en ligne. Ce n'est pas la fusion de deux centrales d'achat, mais l'utilisation d'une plate-forme commune. Aujourd'hui, 400 à 500 fournisseurs communiquent avec la distribution par la messagerie électronique Allegro. Mais l'EDI atteint ses limites : trop technique pour les PME, trop cher (une heure d'échange coûte 150 euros environ avec l'EDI et seulement 1,5 euros avec Internet !), opérationnel une fois seulement les contrats signés, etc. De plus avec l'Internet, il devient possible de tenir des réunions régulières sans bouger (ce qui ne remplace pas les négociations en face à face), d'alimenter des bases de données produits et de suggérer même une méthodologie de travail aux industriels.

Le scanning

Le scanning ou lecture optique correspond à la lecture des codes barres en caisse de sortie dans les magasins au moment de la vente des produits. Cela permet d'éviter le marquage des prix et de connaître avec précision les véritables ventes unitaires par produit. De son application directe résulte la transparence des informations sur les magasins entre le distributeur et l'industriel.

La gestion partagée des approvisionnements (GPA)

La GPA a pour objectif de confier au fournisseur la gestion des approvisionnements à partir des informations obtenues grâce au scanning en magasins (Auchan) ou à la position des stocks en entrepôts (pour toutes les autres enseignes) transmise chaque jour par EDI. La gestion partagée des approvisionnements (GPA) consiste en fait, pour le fournisseur, à calculer les approvisionnements pour le compte des entrepôts distributeurs avec lesquels il travaille. Le besoin d'approvisionnement se déclenche de la façon suivante : le fournisseur reçoit tous les jours en EDI la position des stocks de chacun de ses clients, les sorties entrepôts et, dans certains cas, les sorties de caisse de chaque magasin, quand elles sont fiables. Ainsi, la quantité qui reste en stock chez le distributeur doit couvrir à la fois la fréquence de révision de son stock, le délai de livraison, l'écart type de la variation de consommation sortie entrepôt sur la période considérée, et enfin le stock de sécurité, ramenés en nombre de jours.

Les conditions générales de vente ne sont pas pour autant modifiées. En effet, si le chargement quotidien d'un camion, représentant l'ensemble des besoins, est inférieur à la quantité de réapprovisionnement prévue dans les conditions générales de vente, le chargement est alors complété avec des produits qui n'ont pas été détectés le jour en question, mais qui le seront probablement dans les jours suivants.

Après Unisabi, Douwe Egberts s'est lancée dans cette expérience. D'après Jean-Marc Laperelle, son directeur des opérations, grâce au GPA, la réduction des stocks chez le distributeur est de l'ordre de 30 % et ne change rien pour Douwe Egberts. D'autre part, et toujours pour Jean-Marc Laperelle : « Ceux qui tiennent les postes chez Douwe Egberts connaissent bien les approvisionneurs des distributeurs. Avant, les contacts n'existaient pas ou c'était pour s'engueuler ; maintenant ces contacts existent, c'est pour trouver ensemble une solution. »

Un autre avantage est de pouvoir calculer sa production sur le véritable rythme de consommation, relativement plat hors saisonnalité, plutôt que sur la courbe de passation des commandes, dont on connaît la physionomie en dents de scie.

Faut-il pour autant appliquer la GPA, et ne doit-on pas se poser, en tant qu'industriel, un certain nombre de questions :

- La diminution des stocks chez le distributeur, pour la première année, n'implique-t-elle pas une baisse correspondante de ma part de marché ? D'autre part, ne serai-je pas obligé d'accroître mes stocks dans mes usines ou mes dépôts pour constituer un stock tampon ?

- Comment intégrer le transporteur dans mon accord de partenariat qui se traite à trois entre le distributeur, l'industriel et le transporteur ?
- Dois-je travailler en franco, si je suis en quai départ ? Faut-il centraliser mes commandes auprès d'un bureau de commandes intégré si j'ai plusieurs usines ?
- N'ai-je pas un risque de voir se constituer une augmentation des livraisons en direct des magasins de mes clients au détriment des livraisons plates-formes ?
- Comment concilier la gestion des circuits pour lesquels je fais la commande, et des circuits qui ne souhaitent pas utiliser la GPA ?
- Comment organiser mon service approvisionnement ? Des équipes doivent-elles être dédiées à des clients ?

Le cross-docking

Cette technique d'organisation du transport et des prestations logistiques fait cohabiter, par exemple, les produits de plusieurs industriels. C'est dans cet esprit que travaille, notamment, Casino sur un projet de plate-forme où cohabiteraient 47 fournisseurs de pâtisseries industrielles.

D'une façon générale, on estime que l'ECR peut faire économiser environ 10 % du prix de vente consommateur sur les produits d'épicerie.

3. La stratégie des gains mutuels

Au-delà du fond, la relation évolue dans sa forme. Au lieu de jouer au chat et à la souris sur le pouvoir entre l'acheteur et le compte clé, n'y a-t-il pas moyen de travailler autrement ? C'est ce que propose le Centre Européen de la Négociation, dirigé par M. Ghazal, avec la stratégie des gains mutuels. La négociation n'est-elle pas l'art de gérer les différences, ne doit-elle pas se réaliser à partir des intérêts communs ?

Identifier les intérêts communs des deux parties pour que chacun y trouve un profit, s'appuyer dessus pour réussir à concilier les intérêts divergents, voilà ce qui permettra de modifier la perception que l'on a, en général, de la négociation. Celle-ci se situe encore bien souvent au niveau d'un champ de bataille transposé sur la table de négociation. Il convient plutôt d'apprendre à résoudre une difficulté, un problème, un différend. On confond encore trop souvent être en désaccord avec être désagréable, la personne avec le problème.

Il s'agit de se concentrer sur les intérêts de jeu et non sur les positions. Il faut imaginer des solutions procurant un bénéfice mutuel, et le recours à des critères objectifs. Enfin il est nécessaire d'exprimer des sentiments plutôt que des opinions.

À cet effet, le Centre Européen de la Négociation suggère une grille de préparation à la négociation, fondée sur l'analyse du point de vue du compte clé et de l'acheteur.

En effet, d'après le Centre Européen de la Négociation, 95 % de préparation et 5 % d'inspiration constituent l'un des secrets majeurs de la réussite en négociation. Il faut de plus compter deux heures de préparation pour une heure de négociation.

Cette grille de préparation insiste, entre autres, sur la MESORE, c'est-à-dire la MEilleure SOlution de REchange à un accord négocié, que l'on peut proposer en tirant le meilleur parti de ses atouts, sans faire plier la partie adverse. C'est ce que je peux faire pour satisfaire mes intérêts sans négocier. C'est ce que je peux obtenir sans l'accord de l'autre. Il peut arriver que l'on n'ait pas de MESORE, alors il est nécessaire d'examiner la MESORE de l'autre. La grille de préparation propose également d'agrandir le gâteau (le chiffre d'affaires) par la créativité.

Négocier efficacement, toujours pour le Centre Européen de la Négociation, c'est être en mesure de gérer deux types de tension :

- La première tension provient du dilemme du négociateur entre les opportunités d'élargir le gâteau, créant de la richesse, et la nécessité de fixer les parts de chaque partie.

- La seconde tension concerne la capacité de chaque négociateur à être à la fois empathique – c'est-à-dire à l'écoute de l'autre et de ses besoins – et assertif, c'est-à-dire en affirmant ses propres intérêts.

À ce propos, le Centre européen de la négociation décrit quatre styles majeurs comme le résume la figure 5.7.

Styles	Coopératif		Compétitif	
	soumis	assertif	efficace	agressif
Objectifs	Plutôt accepter la satisfaction de l'autre que de gâcher la relation	Viser un accord équitable satisfaisant pour les deux et optimisant les gains mutuels	Chercher à maximiser ses gains en sachant s'arrêter avant la rupture	Chercher à vaincre l'autre dans un rapport de force
Traits dominants	– patient – gentil – besoin d'être aimé – évite la controverse – fait confiance – pardonne tout – courtois – naïf – passif – émotif	– sincère – authentique – équitable – ouvert – de bonne foi – créatif – ferme – généreux – réaliste – attentif à l'éthique – courtois – fort self control – flexible	– dominateur – dur – observateur – sens du timing – fort selfcontrol – bien préparé – capacité d'adaptation – aime gagner	– rigide – arrogant – hostile – intolérant – égoïste – agaçant – agressif – « rentre dedans » – violent – bagarreur
Approche et orientation stratégique	La gentillesse et la coopération	La recherche de gains mutuels	La compétition constructive	La dureté et l'adversité

Figure 5.7. : Les quatre styles majeurs du négociateur
(Source : mémento « Réussir vos négociations » de M. Ghazal,
Centre européen de la négociation).

Pendant la négociation, toujours d'après le Centre Européen de la Négociation, il faut :

- écouter attentivement et jusqu'au bout l'éventuelle objection ;
- poser des questions de clarification ;
- montrer de l'empathie ;
- répondre aux préoccupations des interlocuteurs ;
- s'assurer que leur anxiété a été levée ;
- ne pas bluffer si l'objection concerne un service que vous n'offrez pas ;
- diriger l'attention des interlocuteurs sur les autres bénéfices qu'ils peuvent tirer de votre proposition.

Pour beaucoup, la négociation est l'art de la manipulation. Néanmoins, autant « abuser » l'autre peut être payant sur un « coup », autant cela se révèle désastreux dans le cadre d'une relation suivie et pérenne. L'acheteur a besoin de trouver un interlocuteur fiable dans le compte clé. Que l'on soit compte clé ou acheteur, il faut identifier les différentes facettes de la tactique et de la manipulation. C'est ce que propose le Centre européen de la négociation, avec la figure 5.8. Le but recherché en utilisant des stratagèmes manipulatoires est de transformer votre perception du pouvoir réel de votre interlocuteur. En effet, les attentes en termes de résultat sont inversement proportionnelles au pouvoir que vous attribuez à l'autre.

Tactiques	Truquages	Attaques	Obstruction
1re phase : vous dominer	Mensonge délibéré	Attaquer la crédibilité ou le statut personnel	Avoir des préalables
2e phase : construire un accord favorable pour eux	– Le bon et le méchant – Surenchère de demande de dernière minute	Manipulation de l'environnement physique	Faire des demandes extrêmes
3e phase : conclure selon leurs exigences	« Je n'ai pas le pouvoir de décision »	Menacer la relation	– « C'est à prendre ou à laisser » – Imposer une date limite stricte

Figure 5.8. : Tactiques et manipulations (Source : mémento « Réussir vos négociations » de M. Ghazal, Centre européen de la négociation).

Il est alors nécessaire, selon M. Ghazal, de :

- savoir faire face aux tactiques développées, en débattant non plus de l'objet de la négociation mais plutôt des règles du jeu utilisées pendant la négociation ;

- savoir répondre à l'agressivité et aux personnalités difficiles en ne réagissant pas, ou en demandant une suspension de séance, ou encore en exprimant son sentiment sans culpabiliser l'autre – « Je me sens lésé » plutôt que « vous êtes injuste ou vous êtes un escroc » –, ou enfin en se centrant sur le problème et non pas sur la personne ;

- savoir sortir du rapport de force en cherchant à amener la négociation sur le terrain des critères objectifs – « Sur quels chiffres vous êtes-vous appuyé pour calculer le coût de la prestation ? etc. » ;

- savoir sortir l'autre de sa position intransigeante en lui démontrant que vous avez compris ses arguments et ses besoins ;
- savoir favoriser la créativité et l'imagination pour élargir le gâteau – « En quoi cette proposition ne répond-t-elle pas à vos attentes ? » ou « Pouvez-vous m'en dire un peu plus ? »

En résumé, le Centre Européen de la Négociation propose dix principales techniques et pratiques efficaces :

1. Recherchez les intérêts, les craintes, les préoccupations (les véritables enjeux) sous-jacents aux positions ou aux demandes faites.

2. Inventez des options procurant un bénéfice mutuel sans les transformer en positions.

3. Proposez de fonder l'accord sur des critères indépendants de la volonté des parties et restez ouvert à la persuasion en reconnaissant ce qui paraît équitable.

4. Sachez toujours ce que vous ferez si vous rompez la négociation et ce, avant de la commencer (se lever et partir constitue parfois le meilleur résultat). Explorez en permanence les alternatives à un accord négocié.

5. Soyez ouvert sans empressement, examinez les propositions de votre vis-à-vis. Proposer des offres plutôt que de proférer des menaces.

6. Écoutez avec empathie, montrez à votre interlocuteur que vous comprenez son point de vue (comprendre ce n'est pas être d'accord.)

7. Consultez et associez l'autre partie à l'élaboration de toute décision qui le concerne sur le fond.

8. Ne cherchez pas à améliorer une mauvaise relation en faisant des concessions.

9. Ne cherchez pas à obtenir des concessions en menaçant la relation.

10. Exprimez vos émotions, vos sentiments sans attaquer l'autre : utilisez le message « je ».

Partenariat sur le fond et gestion des gains mutuels sur la forme nous semblent être les locomotives de la négociation industrie/commerce de demain.

Encore faut-il le vouloir ! Encore faut-il le pouvoir !

Il faut savoir travailler en équipe pour rechercher la créativité, l'imagination qui permettront – au compte clé et à l'acheteur – d'identifier ensemble les leviers pour accroître le gâteau, et développer les affaires. Les conflits disparaîtront-ils ? Sûrement pas, mais ils ne doivent plus constituer une fin en soi, ils éclateront de-ci de-là, marginalement, en fonction de l'avancement des dossiers ou alors pour signifier la rupture !

Si le conflit perdure dans la relation industrie/commerce comme une fin en soi, alors autant oublier rapidement les bienfaits de la transparence des informations, de l'ECR et du category management pour continuer à s'accrocher sans en démordre à la part de gâteau !

4. Le category management, réalité ou fiction ?

Beaucoup de choses ont déjà été écrites sur la définition et la mission du category management[1]. Il suffit d'en rappeler rapidement la teneur pour pouvoir ensuite préciser ses applications et ses réalisations spécifiques dans la distribution française. Les spécialistes que sont entre autres, les cabinets Cegos, correspondant français du docteur Brian Harris, pape du category management et Roland Berger et Partners, coordinateur du comité européen CR, ont défini les huit étapes principales du category management.

---

1. Voir, notamment, chapitre 5 pages 153 à 159 du *Trade Marketing*.

Les étapes du category management

Définition du périmètre et de la structure de la catégorie

À partir du comportement du consommateur, pour un type de produit, il s'agit de travailler puis d'édifier une définition commune au fournisseur et au distributeur de la catégorie. Une catégorie peut être limitée aux produits-cœurs d'un ensemble ou au contraire élargie aux produits complémentaires ou même substituables. On peut prendre l'exemple des céréales ou des biscottes qui peuvent se situer dans la catégorie plus ou moins large du petit-déjeuner.

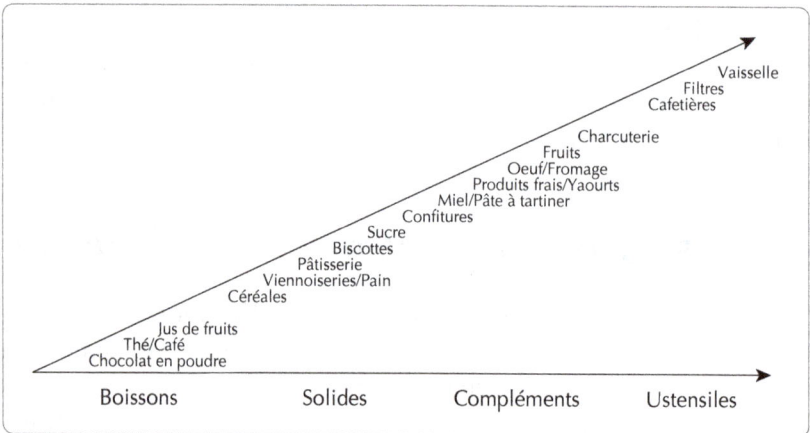

Figure 5.9. : La catégorie du petit-déjeuner.

D'autres définitions peuvent être illustrées au travers des légumes (frais et stockage), du bien-être du bébé (nourrir, soigner, équiper, protéger, éduquer, habiller, etc.), de l'intimité féminine (protection, soins, accessoires, lingerie, services informations, etc.), des produits

« plaisir autour d'un verre » (anisés, spiritueux, champagne, cocktails, produits régionaux, bières spéciales, liqueurs, produits de grignotage, etc.)…

Dans la majorité des cas, l'identification de la catégorie et des segments qui la composent est effectuée par l'industriel, qui, grâce à des études sur les besoins des consommateurs, est le mieux placé pour connaître ses comportements. Cependant, tous les distributeurs ne retiendront pas la même définition de catégories dans leurs magasins. Certains se contenteront des produits-cœurs de la catégorie, d'autres y incluront les produits complémentaires ou même substituables.

En l'absence de category management, la plupart des distributeurs répartissent les différents segments d'une catégorie en rayons et les industriels ne prennent pas ou pas assez en compte les autres produits complémentaires ou substituables en dehors de leur propre ligne de produits.

Détermination du rôle ou des rôles de la catégorie

Cette deuxième étape, contrairement à la première, est de la responsabilité du distributeur. Il s'agit en fait de fixer les rôles de la catégorie par rapport à l'ensemble du chiffre d'affaires des magasins et bien sûr en fonction des objectifs et du positionnement de l'enseigne.

Ce rôle peut recouvrir plusieurs objectifs : les spécialistes parlent de destination – le consommateur vient dans un magasin car il sait qu'il y trouvera ce qu'il n'est pas sûr de trouver ailleurs. Aussi parlera-t-on de routine, lorsque le consommateur sait qu'il trouvera dans le magasin les produits dont il a besoin, de convenience, lorsque le consommateur sait qu'il trouvera dans le magasin non seulement les produits désirés, mais aussi le service et les spécialités qu'il a l'habitude d'acheter régulièrement, et enfin de saisonnalité, lorsque le consommateur sait que chaque année, il trouvera dans le magasin les produits de saison qu'il recherche.

Cette analyse permet au distributeur de délivrer la valeur ajoutée attendue par le consommateur en fonction du positionnement de l'enseigne. Pour cela, après avoir identifié ses rôles possibles, le distributeur mesurera l'importance stratégique de la catégorie par rapport au positionnement de ses concurrents et aux fournisseurs de la catégorie.

Quelle est l'importance de la catégorie pour le distributeur en marge brute ou nette ? Quelle est l'importance de la catégorie pour le consommateur en dépenses mensuelles ? Quelle est son importance pour les distributeurs concurrents en parts de marché ? Quelle est l'importance de la catégorie en termes de marché, d'indice de croissance, par exemple ?

Roland Berger & Partners donne l'exemple de la chaîne des jouets pour la matrice des rôles des catégories.

Destination	Routine	Saisonnière	Convenience saisonnière	Convenience couches
Couches	Poupées Jouets Jeux sportifs Jeux électroniques Logiciels Jouets mobiles Jouets pour bébés	Jouets d'extérieur	Cartes de vœux Articles saisonniers	Confiserie Vêtements pour bébés Posters sportifs
5 –10 %	55 – 60 %	5 – 10 %	5 – 10 %	25 – 30 %

Figure 5.10. : Matrice des rôles des catégories sur la chaîne des jouets (Source : Roland Berger & Partners).

Analyse de la performance de la catégorie

Il s'agit de quantifier les performances actuelles par rapport à celles exigées par le rôle catégoriel fixé. Il est donc nécessaire d'établir les analyses des performances, de la rentabilité et de la satisfaction de la catégorie pour ensuite en identifier les forces, faiblesses, menaces et opportunités. Des recommandations sont établies, et les ressources nécessaires en temps, en informations et moyens sont recherchées. L'évaluation des catégories, des sous-catégories, des segments, des marges, des références, etc., est faite par différents critères selon quatre approches :

- Pour le consommateur : le taux de service, la transaction ou panier moyen, l'indice de satisfaction, etc.
- Pour le marché : les parts de marché de la catégorie de la moyenne des marques nationales et distributeurs, etc.
- Pour la productivité : les jours et la valeur des stocks, les délais d'approvisionnement, etc.
- Pour les données financières : les ventes en chiffres d'affaires et leur croissance, la marge commerciale, le taux de marge brute, etc.

Ici le partage de l'information entre le fournisseur (marché, consommateur, etc.) et le distributeur (sortie de caisse, productivité, etc.) est essentiel.

Construction du tableau de bord

Le tableau de bord de suivi d'une catégorie est un ensemble d'indicateurs chiffrés, permettant de quantifier et de mesurer les indices de performances actuelles et futures de la catégorie selon les critères retenus à l'issue de l'analyse de la performance.

Pour mesurer la performance future, il conviendra de définir, le plus objectivement possible, les objectifs de progression souhaités pour les différents critères en liaison avec le ou les fournisseurs.

Pour les indicateurs on retiendra :

- Ceux du consommateur : qui achète, à quelles occasions, le pourquoi de tel ou tel circuit de distribution, quand prend-il sa décision d'achat et comment arrive-t-il à sa décision ?
- Ceux du marché, par l'analyse des parts de marché par segment dans les différents circuits de distribution.
- Ceux du distributeur et de l'industriel : quel est le pourcentage du chiffre d'affaires et de la marge brute ?

Affectation des missions au sein de la catégorie : quelles en sont les stratégies ?

Une fois l'analyse de la performance de la catégorie établie, il est nécessaire d'affecter des missions aux différentes composantes que sont les segmentations de la catégorie, en fonction du rôle fixé globalement.

Ces missions ont des objectifs variés : créer du trafic en augmentant la fréquence des achats ou le nombre d'acheteurs ; faire progresser la transaction, c'est-à-dire le panier moyen avec des produits de découverte ou complémentaires ; générer de la marge ou davantage de liquidités en accroissant la rotation des produits des achats fréquents. Il s'agit de rendre la catégorie :

- attirante avec des produits d'impulsion et de mode ;
- créatrice d'image avec des nouveautés ou des produits exclusifs ;
- ou enfin « défensive » en part de marché, c'est-à-dire très discountée avec des promotions, des prix bas, etc.

Chaque mission se verra affecter un ou plusieurs produits ou des actions commerciales en magasin.

À cet effet, on établira un Stratogram de la catégorie. S. Cogitore de la Cegos offre un exemple sur les boissons gazeuses.

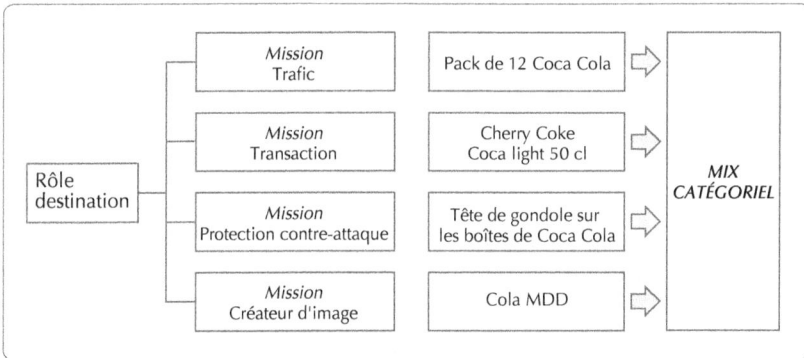

Figure 5.11. : Stratogram de la catégorie boissons gazeuses (Source : S. Cogitore de la Cegos).

Constitution du mix de la catégorie : quelles en sont les tactiques ?

Il s'agit de définir le plan d'assortiment, la politique tarifaire, la politique promotionnelle et le merchandising de la catégorie afin de vérifier si la gestion quotidienne de la catégorie peut répondre au(x) rôle(s), objectifs et missions prévus dans le tableau de bord.

Élaboration du plan de mise en œuvre en magasin

Il sera bien souvent nécessaire de procéder à des tests dans certains magasins avant de se lancer, sur le plan national, dans tous les magasins de l'enseigne. Dans tous les cas, la situation actuelle sera comparée avec la situation de référence. Il sera alors nécessaire de créer un business plan de la catégorie, de le faire valider, d'en définir les applications et les différentes responsabilités.

Les applications à la distribution française

Il est intéressant de se pencher sur les applications françaises et d'identifier les véritables réalisations. Du point de vue du distributeur, on peut tout d'abord passer en revue les organisations pour vérifier si le concept du category management est passé dans les faits. Il est possible de distinguer deux types d'organisation :

- ceux qui se sont dotés d'une structure en category management, comme Casino, avec des category managers dont dépendent un acheteur et un responsable marketing/merchandising.
- ceux qui, comme Auchan ou Carrefour qui viennent de se doter de véritables structures de category manager. On prendra comme exemple le groupe Carrefour.

Le groupe Carrefour en PGC est divisé en 21 catégories regroupées en 7 marchés (liquides, épicerie sucrée, PLS – filière lait, coupe/charcuterie/fromage/traiteur, DPH, épicerie salée et PLS) et 4 filières (boucherie, fruits et légumes, poisson, boulangerie/pâtisserie). Chaque catégorie est dirigée par un manager de catégorie qui dépend d'un des 7 responsables marchés dépendant lui-même d'un directeur marchandises PGC, lui-même répondant à un directeur marchandises Alimentaire France.

9 collaborateurs rapportent à un manager de catégorie :
- 5 développeurs de l'offre : hyper, super, proximité, Promocash, Prodirest ;
- 1 négociateur marques nationales ;
- 1 chef de produit MDD/1er prix ;
- 2 supply chains : hyper et autres formats de magasin.

Des tableaux de bord par catégorie (masse de marge avant + arrière, chiffre d'affaires Vente Hors Taxes, part de marché , etc.) et par fonction (chiffre d'affaires Vente Hors Taxes, taux de service, chiffre d'affaires Achat marques nationales, indice de satisfaction consommateur pour les MDD, indice de compétitivité prix moyen pour les 1er prix, etc.) sont suivis.

- Enfin les indépendants, qui représentent plus d'un tiers de l'activité, et pour qui le statut même d'indépendant est difficilement conciliable avec l'idée de category management nécessitant une certaine centralisation. Système U a pourtant essayé.

L'évolution du métier d'acheteur

Passer du rôle d'acheteur classique à celui de category manager nécessite une certaine évolution. Il sera nécessaire, entre autres, de penser davantage en termes de consommateurs et non plus seulement d'articles. Il s'agit d'un véritable bouleversement culturel que l'on peut résumer de la façon suivante :

ACHETEUR TRADITIONNEL	CATEGORY MANAGER
NIVEAU HIÉRARCHIQUE Cadre moyen.	**NIVEAU HIÉRARCHIQUE** Cadre supérieur.
QUALITÉS Tacticien négociateur. Homme produit. Travaille sur le court terme.	**QUALITÉS** Stratège de haut niveau. Multifonctions (produits, marketing et logistique). Travaille sur le long terme (un à trois ans).
MISSIONS Se focalise sur l'offre produit des industriels. Se situe dans un contexte d'affrontement avec ses fournisseurs. Gère un centre de coût. Peu préoccupé des ventes en magasins. N'agit pas sur l'implantation du rayon. Participe aux actions promotionnelles des magasins. Gère les approvisionnements sans prendre en compte l'ensemble de la chaîne logistique.	**MISSIONS** S'intéresse à l'ensemble des produits et des services offerts par les fournisseurs. Considère les fabricants comme des partenaires. Gère un centre de profit. S'appuie sur les analyses de ventes en magasins. Cherche à optimiser l'espace de vente de sa catégorie. Est responsable des actions promotionnelles des magasins. Optimise les coûts logistiques.

Figure 5.12. : De l'acheteur traditionnel au category manager
(Source : LSA n° 1418, du 3 novembre 1994).

Les industriels, par ailleurs, commencent à s'organiser avec des structures de category managers. Celles-ci dépendent souvent des directeurs d'enseignes ou compte clé, qui ressemblent par bien des côtés à des trade marketers.

Il est intéressant d'identifier à présent les expériences menées à leur terme et avec profit pour les deux parties. Les accords sont entourés d'un certain secret, mais néanmoins il semblerait que peu d'expériences de partenariat aient été complètement finalisées. Récemment, on a cité l'exemple de Procter et Gamble avec Système U sur le marché des lessives. Mais les associés de Système U ont-ils clairement adhéré à la démarche menée par l'ancienne direction de Système U ?

Les intérêts du distributeur et de l'industriel sont divergents : la lecture du category management pour les distributeurs est une lecture client/produit alors que celle de l'industriel est une lecture produit/cible. Le distributeur vend des unités de besoin, peu importe la marque ou la référence ; le fabricant vend le produit, peu importe l'enseigne.

D'autre part, la France n'a pas encore résolu le problème du partage de la valeur ajoutée alors que le rôle même du category management est de développer les ventes totales d'une catégorie ou d'un univers. Augmenter ensemble le gâteau, pour qu'il soit le plus gros possible, afin d'en partager les bénéfices est l'objectif. Comment tirer à mon profit la plus grosse part de gâteau existant, est une finalité souvent encore préférée.

Les conditions de réussite

La société Perspective s'est livrée à une analyse fort intéressante sur les conditions de réussite du category management pour les deux parties (voir figure 5.13 page suivante).

Figure 5.13. : Les conditions de réussite du category management.
(Source : Perspective, lors du séminaire I.I.R des 29 et 30 septembre 1998).

Conditions de réussite	
Pour le distributeur	**Pour l'industriel**
– structure centralisée ; – implication des dirigeants ; – forte ambition sur le projet ; – compétences et disponibilité en interne ; – capacité à gérer les dossiers sur la durée sans interférence de la négociation ; – culture d'ouverture ; – choix judicieux du ou des partenaires fabricants ; – volonté et capacité d'appropriation et de mise en œuvre ; – pas de complexe d'infériorité ni de supériorité ; – absence de contraintes financières importantes tel que faire payer à l'industriel les coûts de la société de consultant travaillant sur le projet ; – méthodologie partagée avec le fabricant.	– choix de l'enseigne partenaire, en fonction du potentiel du marché sur chacune des enseignes ; – pas d'historique conflictuel fort : confiance réciproque ; – capacité à personnaliser le discours et la vision à l'enseigne ; – mise à disposition des compétences suffisamment disponibles en interne ; – volonté d'engager des ressources supplémentaires ciblées enseigne (études etc.) ; – ne pas se satisfaire de la qualité relationnelle qui peut découler du partenariat : avoir de l'ambition et non pas l'unique souhait d'occuper le terrain ; – expression claire des motivations et des retours espérés de ces chantiers de partenariat ; – absence de directivité, d'idées préconçues ou de connaissance de la solution avant d'engager le travail en commun : l'enseigne doit s'approprier le travail ; – méthode partagée avec l'enseigne choisie.

Figure 5.13. : Les conditions de réussite du category management.
(Source : Perspective, lors du séminaire IIR des 29 et 30 septembre 1998).

On peut y ajouter les quelques remarques suivantes sur le fonctionnement du category management en France :

- Le rôle le plus important chez le distributeur est détenu par
  celui qui décide de la dimension de la catégorie.

- La direction marketing/merchandising, dans la distribution
  française, reste au service des décisionnaires que sont les
  acheteurs.

- C'est le non-alimentaire et les produits frais qui attirent les
  nouveaux clients et qui par conséquent développent l'alimentaire.

- Le category management reste malheureusement bien souvent
  limité aux assortiments et aux planogrammes.

- Pour des raisons de charges de travail et donc de coûts, il n'est
  pas possible de développer complètement plus de trois ou quatre chantiers par an, par enseigne.

- Le category management ne doit pas devenir une usine à gaz.
  Il faut faire appel au bon sens, à l'organisation et à la
  méthodologie.

- Trop souvent, le category management se limite pour un distributeur à récupérer auprès des industriels de l'information sur
  le marché et le consommateur.

- Il n'y a pas de règle pour sélectionner le ou les fournisseurs
  partenaires sur une catégorie : il faut choisir les plus pro actifs,
  et ceux qui ont une cohérence marque/enseigne.

- Peu d'industriels font l'effort de bien identifier la stratégie de
  leurs clients, les enseignes, par une véritable politique de trade
  marketing.

- Les membres des équipes doivent être expérimentés et stables : les débutants ou les seniors qui changent tous les deux ans d'entreprise sont à éviter car un chantier ne dure pas moins de 18 mois.

L'émergence du category management modifie la relation distributeur-industriel. De l'interférence traditionnelle achats/ventes, on passe à des équipes multifonctionnelles comme l'illustre la figure 5.14.

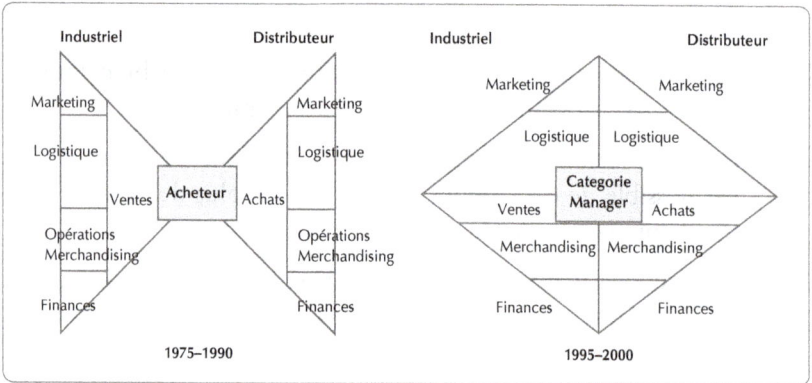

Figure 5.14. : *Évolution de la relation distributeur/industriel.*

5. Les relations des PME-PMI avec la grande distribution

Il faut l'avouer, dans bien des cas, la grande distribution fait peur aux PME, mais cette appréhension provient davantage d'un manque d'expérience et de savoir-faire des PME, qui restent obnubilées par la fabrication de leurs produits, les investissements nécessaires à leur développement et les possibilités financières de leurs entreprises.

Il faut aussi avouer la difficulté pour des PME, aux marques peu connues ou inconnues, de prendre des rendez-vous avec les acheteurs de la grande distribution.

D'après une enquête de l'Observatoire des relations PME-commerce, réalisée par PHB Consultant et Panel International, les PME représentent 95 % des fournisseurs des GMS mais seulement 23,1 % de l'offre, c'est-à-dire du nombre de références, 16,1 % du linéaire et 17,7 % du chiffre d'affaires. Et pourtant les PME réalisent un chiffre d'affaires par mètre linéaire de 13 % supérieur à la moyenne !

À la question, « les PME peuvent-elles travailler avec la grande distribution ? », la réponse est indubitablement positive. Les principaux distributeurs envoient, à cet effet, et à occasions répétées, différents signes qui ne trompent pas. On peut citer, par exemple, Carrefour qui a proposé récemment aux PME de participer à une dynamique de progrès au travers d'engagements réciproques leur permettant de renforcer leur compétitivité. Ainsi, 500 contrats d'engagements ont été signés. Toutefois, la position des PME n'est effectivement pas aisée à défendre dans la négociation industrie/commerce. Elles ne disposent pas, pour la plupart, des moyens financiers et humains leur permettant de traiter à armes égales, avec les grandes entreprises industrielles nationales ou internationales. Elles ont moins de marques fortes, des budgets de prestation de service limités, des commerciaux bien souvent encore insuffisants en nombre et en qualité, etc.

L'encadrement du référencement et du déréférencement, prévu par la loi Galland, risque de resserrer encore les assortiments des enseignes, ce qui se fera au détriment des référencements des PME. De plus, pour éviter tout risque de position dominante, les enseignes refuseront de représenter plus de 20 ou 25 % du chiffre d'affaires d'un fournisseur, ce qui est souvent le cas d'une PME.

A contrario, la grande distribution, en développant son internationalisation, favorise l'exportation et l'implantation de PME françaises à l'étranger. Ainsi, toujours chez Carrefour, la « quinzaine de la France » organisée au Brésil et en Argentine en avril 1997, illustre la volonté du groupe de promouvoir les produits des PME françaises.

Quoi qu'il en soit, et quels que soient les arguments des uns et des autres, il est intéressant de pouvoir dresser les grandes étapes de la démarche que peuvent suivre les PME ou les entreprises étrangères désirant travailler avec la grande distribution française :

1. **Identifier et développer ses forces marketing pour développer la catégorie :**
   - Marché en croissance, avec détermination du nombre d'opérateurs ou marché saisonnier.
   - Qualité du produit par rapport à la concurrence, produit régional.
   - Marque : notoriété et image.
   - Avantage compétitif contenant (ex : bec verseur, etc.) produit/service et/ou packaging.

2. Déterminer les éléments de la commercialisation de sa propre marque nationale :

- Fixer le bon prix psychologique de vente consommateur en unité de vente.

- Déterminer son tarif en fonction de ceux de la concurrence, des ristournes portées sur la facture correspondant aux conditions générales de réductions de prix, du coût de transport et de l'escompte éventuellement envisagé, de la marge avant, existante ou pas, des distributeurs, d'un budget de coopération commerciale (marge arrière) à utiliser pour les référencements, les prospectus et autres mises en avant.

- Créer un colisage adapté aussi bien aux petites surfaces qu'aux hypermarchés.

- Adapter son outil industriel et son mode d'approvisionnement à la demande afin d'éviter toute rupture de stock.

- Respecter les dates et heures de livraison.

- Prévoir un soutien publicitaire ou promotionnel, type animation (dégustation pour les produits alimentaires, par exemple).

- Construire un argumentaire pour les commerciaux.

- Élaborer des moyens destinés à mettre en valeur les produits dans les linéaires des magasins (Stop Rayons , etc.).

- Préférer de véritables professionnels en temps partagé aux agents payés à la commission, si les moyens financiers ne permettent pas de mettre en place une structure complète commerciale.

3. **Abandonner l'idée d'une marque nationale** et travailler plutôt la marque distributeur, au cas où il n'y aurait pas ou peu de forces marketing, et en l'absence de possibilité ou de volonté de développement.

4. **Mettre en œuvre une politique de marques de distributeurs :**
   - Avoir plusieurs clients.
   - Choisir entre le contrat de fourniture, où un distributeur signe à sa marque les produits existants et le contrat de sous-traitance, conformément à un cahier des charges préétabli.
   - Établir un contrat bien ficelé comprenant :

• La définition des travaux à exécuter par le fabricant.	• Les lieux et dates de livraison ; les pénalités de retard.
• L'identité du fournisseur de la matière première.	• Une clause d'indexion du prix – évolution du coût des matières premières.
• Les procédures de contrôle et de surveillance mises en place par le distributeur ; celui qui en supporte la charge financière.	• Les conditions et les délais de paiement.
• L'organisation d'essais éventuels ; le temps imparti pour corriger les défauts.	• Les modalités d'assurance.
	• Une clause de secret (informations confidentielles).
• Une clause imposant sa destruction ou encadrant la revente, en cas de refus de la marchandise.	• Une éventuelle clause d'exclusivité.
	• En annexe, un cahier des charges, ni trop vague ni trop contraignant.

Figure 5.15. : Les points à prévoir au contrat de fabrication d'une marque de distributeur (Source : LSA n° 1602 de novembre 1998).

   - Faire visiter les usines et dépôts aux distributeurs.
   - Fixer un tarif net net net (trois fois net).
   - Adapter l'outil industriel à la prévision des commandes et le mode d'approvisionnement à la cadence des commandes.

- Continuer à investir en recherche et développement.
- Améliorer la productivité de l'entreprise pour pouvoir réinvestir sur les outils de production.
- Penser à proposer puis à négocier en parallèle la vente des marques nationales, le cas échéant.

5. Jouer le concept de l'ECR (Efficacité et réactivité au service du consommateur) avec les clients distributeurs.

Les PME ont de nombreux atouts par rapport aux entreprises multinationales : plus proches des opérations quotidiennes, aptes à faire sauter les blocages techniques ou commerciaux, capables de réorganiser l'entreprise sur un mode transversal, avec des gammes limitées et peu de promotions, etc.

© Éditions d'Organisation

CHAPITRE 6

Mesurer et contrôler les accords commerciaux

Les gens généreux font de mauvais commerçants.

H. de BALZAC

La négociation du compte clé n'est jamais finie. Une fois la négociation annuelle et la signature des contrats terminées, une fois les contreparties des accords expliquées et revendues à sa force de vente, il faut pouvoir rapidement et à intervalles réguliers contrôler les retombées effectives sur le terrain dans les magasins. Il faut aussi pouvoir mesurer les ventes des prospectus, des têtes de gondole ou de toutes les actions promotionnelles engagées. Si l'accord n'est pas respecté sur le terrain, alors le compte clé devra reprendre son bâton de maréchal pour, chiffres à l'appui, défendre ses accords et leurs contreparties, renégocier si nécessaire.

De quels outils le compte clé dispose-t-il pour suivre ses affaires ?

1. Le tableau de bord mensuel par enseigne

Ce tableau de bord permet au compte clé de suivre l'évolution de ses accords mensuellement. En général, il comprend plusieurs rubriques, qui, peu ou prou, sont les suivantes :

- **Le suivi des volumes par marque, référence, conditionnement ou variété.**

Ces chiffres proviennent pour la plupart des statistiques internes de l'administration des ventes. Pour les clients indirects, l'usage est d'acheter au distributeur ses statistiques. Celles-ci sont retraitées par l'administration des ventes, selon une séquence définie à l'avance (pas toujours en mois) et avec un certain décalage (en général un mois après). On peut citer à cet effet les statistiques Carrefour et Métro pour le client Carrefour logistique.

- **Le suivi des présences** : marques et produits, têtes de gondole, nombre de facings, etc., et prix de vente aux consommateurs.

Le compte clé fait ici appel soit à une société de service extérieure comme Nielsen ou TVS, soit à sa propre force de vente. Celle-ci relève dans les magasins sur son micro-ordinateur les informations demandées qui sont ensuite traitées, soit au siège de l'entreprise par le service du développement des ventes, soit par une société comme Statigest. Le recours à des prestataires extérieurs permet à la force de vente de se libérer de cette tâche et de se consacrer totalement à la vente et au merchandising, mais il est onéreux. Le relevé par la force de vente, *a contrario*, fait économiser des coûts directs à l'entreprise sans pour autant garantir une information fiable à 100 %. Toutes ces données sont relevées, la plupart du temps, pour les marques et produits de l'entreprise en question, mais aussi pour ceux des concurrents les plus directs.

- **Les données quantitatives de part de marché, du nombre d'acheteurs, des quantités achetées.**

Ces données sont fournies par le panel Sécodip. De plus, les volumes de ventes moyennes hebdomadaires, de linéaire, etc., sont disponibles auprès de Nielsen pour les enseignes Système U, Carrefour et Auchan si l'industriel les achète, et directement auprès de Prisunic/Monoprix.

- **Les performances des opérations promotionnelles.**

Cette analyse est possible pour autant que les produits soient spécifiques et donc que l'on ait pu en chiffrer les sorties en volume, comparées ensuite aux ventes moyennes hebdomadaires du même produit. Ce qui permet de mesurer le coefficient multiplicateur. À titre d'exemple, on peut comparer pour de la bière le pack de « 10 bouteilles + 2 gratuites » avec le standard 10 bouteilles.

Par ailleurs, les nouvelles études TNS-Sécodip (voir le contenu en annexe) permettent de mesurer la performance des 16 dernières opérations nationales en prospectus les plus importantes pour les principales enseignes. Le compte clé peut alors connaître et comparer les résultats tous produits de ces opérations thématiques.

> Prenons l'exemple de l'opération « L'anniversaire de chez Intermarché » du 23 septembre 1997 au 18 octobre 1997. Cette opération a permis à Intermarché d'accroître sa part de marché par rapport à l'ensemble des supermarchés pendant les 12 semaines qui ont suivi l'opération avec, par ailleurs, les principaux enseignements suivants :

– Augmentation de la pénétration moyenne par semaine pendant l'opération avec un *statu quo* après, en raison d'une baisse du nombre de clients fidèles.

– Fort accroissement de la fidélité, au travers d'une croissance du taux de nourriture, non identifiée chez les concurrents de l'enseigne après l'opération.

– Panier moyen, qui, bien qu'en augmentation même après l'opération, n'a pas évolué très favorablement vis-à-vis de la concurrence. Les opérations concomitantes telles que « L'anniversaire » de Cora, « Championnissimo » de Champion, « Anniversaire des prix » de Géant et « Du côté de l'automne » de Continent ont dû produire leurs effets.

Peu de différences sont perçues entre le panier moyen de la clientèle fidèle et celui de la clientèle occasionnelle.

	Intermarché	Indice versus avant (Intermarché)	Indice versus avant (total supermarchés)
Part de marché valeur	avant 13,6	avant 100	avant 100
	pendant 14,6	pendant 107	pendant 103
	après 12,7	après 93	après 96
Pénétration moyenne par semaine	avant 16,3	avant 100	avant 100
	pendant 19,2	pendant 118	pendant 110
	après 17,3	après 106	après 106
Fidélité	avant 31,7	avant 100	avant 100
	après 33,7	après 106	après 98
Panier moyen	avant 124,9	avant 100	avant 100
	pendant 127,1	pendant 102	pendant 105
	après 127,4	après 102	après 104

Figure 6.1. : L'anniversaire Intermarché du 23/09/97 au 18/10/97 (Source : Sécodip sur 16 opérations nationales).

- **Le suivi budgétaire.**

Ce suivi concerne l'état d'avancement à date, des investissements engagés, même s'ils n'ont pas encore été facturés. Par exemple, les investissements engagés sur le budget régional, réparti en régions chez l'industriel. Ce suivi budgétaire est réalisé par le contrôle de gestion commercial de l'entreprise.

La liste de ces suivis n'est pas exhaustive, mais, ensemble, ils constituent un élément fondamental pour le compte clé. Ainsi il peut, entre autres, vérifier le respect des accords passés. Par exemple, la présence de têtes de gondole dans 100 % des magasins d'une enseigne avec qui le compte clé a conclu un accord prospectus + têtes de gondole. Autre exemple, la réalisation effective du nombre de cartons ou de palettes enlevés à l'usine par le client, par rapport au terme de l'accord dans le cadre d'une opération promotionnelle. Le client a-t-il bien enlevé les 100 cartons prévus ?

Ces suivis à date permettent tout d'abord de comprendre et d'analyser avec sa force de vente pourquoi, par exemple, toutes les têtes de gondole n'ont pas été mises en place dans les magasins de l'enseigne concernée ; ou encore de gérer au mieux les cartons ou palettes du produit de l'opération promotionnelle non retirés par le client afin de ne pas surcharger les dépôts des usines en produits, qui, un jour, dépasseront la date limite de vente ou de consommation. Ils constituent de plus un signal d'alarme pour le compte clé qui va souhaiter renégocier l'opération en question ou demander de nouvelles contreparties. Enfin, ces informations vont enrichir sa banque personnelle de données sur la faisabilité de telle ou telle opération chez tel ou tel client. Ce qui lui sera d'une grande utilité pour la prochaine négociation annuelle.

2. Le suivi du cycle promotionnel

Celui-ci se situe à deux niveaux :

- **Sur le plan national**

Toute opération nationale négociée en centrale d'achat doit d'abord faire l'objet d'un bulletin d'information, envoyé non seulement à la force de vente, mais aussi aux différents services internes impliqués comme le marketing, la logistique, l'administration des ventes, etc. Les informations à préciser sur ce dernier sont : l'enseigne concernée, la période consommateur avec la thématique de l'opération, la marque et la référence impliquée, l'offre promotionnelle, la période d'approvisionnement des entrepôts et magasins, les quantités négociées prévues, le calcul du seuil de revente à perte, l'action demandée à la force de vente avec le budget terrain à investir, etc.

Le compte clé doit, par ailleurs, suivre le calendrier des différentes opérations promotionnelles qu'il a lui-même négociées avec chaque enseigne, et les résultats de chaque opération par rapport aux prévisions, ce qui lui permettra, en retour, de procéder à un bilan avec l'acheteur de l'enseigne.

- **Sur le plan régional**

Il est fortement conseillé que chaque responsable commercial régional puisse, pour les clients dont il a la responsabilité, reporter sur un tableau les dates des opérations nationales. Il saura ainsi identifier les périodes encore disponibles, pour négocier une promotion régionale, quand il existe un budget régional, et organiser les tournées de visite de ses collaborateurs chez les clients.

Ainsi pour chacun des magasins de sa zone territoriale, semaine après semaine, il suivra le cycle promotionnel national et le plan promotionnel régional.

3. La rentabilité des opérations promotionnelles

Afin de mieux choisir les opérations à venir, le compte clé doit faire le bilan et calculer la rentabilité et le point mort de chacune des opérations réalisées avec son client. Ce calcul doit se faire simplement en ramenant les dépenses (primes + PLV + médias + animation, etc.) à la contribution financière dégagée par le supplément de commandes engendré par l'opération.

Par exemple :

Dépenses par magasin :	10 000 euros
Contribution par carton :	200 euros
Nombre de palettes vendues en temps normal :	5
Nombre de palettes négociées avec l'opération :	15
Supplément de palettes par magasin :	10
Nombre de cartons par palette :	5

Soit : 10 x 5 x 200 = 10 000 (recettes supplémentaires) = 10 000 (dépenses)

On constate ici, dans l'exemple, que l'opération est rentable puisque les recettes supplémentaires font jeu égal avec les dépenses.

D'une façon plus générale, il est recommandé aux industriels de mettre en place une base de données par client pour l'ensemble de leurs opérations commerciales et marketing. Ce qui leur permet, le jour venu, de mieux décider de l'opportunité de faire ou ne pas faire une action. Enfin, l'aspect concurrence est toujours à rappeler. Ainsi, même si le ratio recettes supplémentaires/dépenses est inférieur à 1, on peut vouloir quand même faire l'opération pour ne pas laisser la place à son concurrent direct et espérer ainsi augmenter sa part de marché. On peut aussi vouloir, pour l'image, participer aux opérations les plus connues, type « le Trophée des prix » de Leclerc, « les 40 jours Auchan », etc.

4. Le business plan ajusté ou le plan opérationnel par enseigne

Chaque trimestre, ou à la demande de sa hiérarchie, le compte clé actualise les volumes et les investissements les plus probables sur l'année N + 1. Le cumul de ces plans ajustés par enseigne va permettre à la direction commerciale de présenter, à sa direction générale, les résultats à date les plus réalistes possible.

Ce qui évitera, entre autres, de communiquer aux actionnaires des résultats incertains avec toutes les conséquences désastreuses qui s'y attachent (voir chapitre 1.1.).

Avenir de la fonction dans l'internationalisation du commerce

Le rôle du compte clé dans une entreprise industrielle devient prépondérant. Au travers de sa fonction passe tout ou partie du chiffre d'affaires et même du profit de l'entreprise concernée. Il n'est pas rare de voir des directions de comptes clés se composer de plusieurs responsables ayant chacun la responsabilité du chiffre d'affaires d'une ou plusieurs enseignes sur le plan national.

Aujourd'hui, certains d'entre eux prennent le titre de directeur d'enseigne, ce qui traduit l'évolution de leur fonction, que l'on peut résumer aux principales tâches suivantes :

- négociation nationale des accords annuels avec référencement, plan promotionnel, actions en magasin, etc ;

- orientation et animation de la force de vente dans les centrales régionales et les magasins dépendant des enseignes concernées ;

- coordination des dossiers de partenariat type merchandising, logistique, EDI/ECR, etc. dans une optique de category management ;
- participation active à la politique tarifaire, promotionnelle et de trade marketing de l'entreprise.

Par définition, ceux qui sont en charge de ces postes doivent avoir occupé auparavant des responsabilités tant commerciales (chef de vente) que marketing (chef de produit) ou même logistiques. Les comptes clés sont bien sûr des négociateurs et ont des qualités de communicateur, mais, avec l'évolution de leur fonction, ils doivent également aujourd'hui être des analystes stratèges et des hommes de marketing. Ils possèdent une culture générale importante pour pouvoir dialoguer avec les merchandisers, les financiers, les logisticiens, etc., de leur entreprise et de leurs clients.

Ils doivent savoir résister au stress, négocier dans le conflit, certes, mais aussi, et de plus en plus, pouvoir dialoguer avec les distributeurs pour construire des partenariats et conduire l'entreprise à devenir le référent de son marché. Le compte clé doit être, en quelque sorte, le fournisseur privilégié de son client.

Il développe son chiffre d'affaires au mieux en tenant compte de la règle des 4 C : de son entreprise et de ces objectifs (Corporate), des marques qu'il commercialise (Co-branding), de ses clients, les grands groupes de la distribution (Client ou Centrale d'achat), enfin, des remontées des achats des ménages dans les magasins (Consommateur).

Ses clients, les principales enseignes de la grande distribution, alimentaire ou non alimentaire, s'internationalisent, et ce mouvement ne fait que s'accélérer depuis l'application de la loi Galland. Pour ce faire, certains groupes ont créé une centrale d'achat internationale. On citera :

Carrefour avec Carrefour Marchandises International (CMI), Inter-marché avec Agenor, Leclerc avec Eurolec, ou encore, plus récem-ment, IRTS avec Auchan et Casino.

Les centrales d'achat internationales sont là pour obtenir, entre autres, de meilleures conditions d'achat. Toutefois, l'internationalisa-tion de la distribution alimentaire constitue un formidable levier pour toutes les entreprises industrielles qui ne se sont pas encore aventurées hors de leurs frontières. C'est, par ailleurs, un accélérateur des ventes sur les marchés émergents pour les fournisseurs internatio-naux. À l'occasion de l'anniversaire des 35 ans de Carrefour, on a assisté du 14 octobre au 14 novembre 1998, à la naissance du premier prospectus mondial, grâce à trois catalogues diffusés dans 345 maga-sins dans le monde entier.

Les distributeurs détectent facilement les écarts de tarification de leurs fournisseurs sur plusieurs marchés et, même si l'écart s'explique par des différences de coût de fabrication, ils sont tentés de s'approvi-sionner sur les marchés où les produits sont les moins chers.

Certes les distributeurs auront du mal à obtenir un prix identique sur tous les marchés ; la négociation portera davantage sur l'harmonisa-tion d'une structure de prix, d'une terminologie. C'est ainsi que Wal-Mart impose déjà des prix nets, des conditions de paiement identiques, une reconnaissance par les fournisseurs de leur implanta-tion internationale qui aide ces derniers à s'implanter où ils ne sont pas ou insuffisamment présents, etc.

Avec l'euro, les importations intra-communautaires risquent de croître. La fin des taux de change engendre déjà de substantielles économies (1 à 2 % du prix d'achat), permet une comparaison immédiate des prix, une lisibilité des écarts tarifaires, et accroît le risque d'alignement des prix vers le bas. Le jeu des arrondis alimentera, par ailleurs, le risque de dérapage dans les relations industriel-commerce. Mais, à cette tendance, il est possible d'avancer les trois arguments suivants :

- La comparaison des prix de vente aux consommateurs et des prix d'achat cachent les marges arrière qui sont beaucoup plus importantes en France qu'en Grande-Bretagne et dans les pays anglo-saxons d'une façon générale. Ainsi, le gain en prix net sur des produits importés peut s'annuler par « un manque à gagner » de marge arrière.

- Il existe de véritables explications aux écarts observés sur les prix de vente aux consommateurs ou les prix d'achat sur facture. En effet les coûts de production, les masses salariales, les taxes et impôts mais aussi le positionnement marketing des marques diffèrent souvent d'un pays à l'autre.

- Il subsiste encore des différences importantes de goûts et d'habitudes de consommation, de produits (format, emballage, composition, nom différent, etc.) et de législations. En France, par exemple, la loi Toubon de 1994 exige que les produits soient vendus avec des étiquettes rédigées en français. Les produits européens existeraient à hauteur de 60 % en textile, mais seulement à 30 % dans les produits frais !

L'internationalisation pour un groupe de distribution ne comporte pas que des avantages. Comme pour toute entreprise qui s'expatrie, elle amène de nombreuses contraintes et des restrictions réglementaires : on limite le nombre de sites d'implantation pour les magasins en Indonésie, ou le pourcentage de capitaux propres qu'une entreprise étrangère peut acquérir dans des entreprises locales (en Chine) ; des risques d'instabilité des devises locales ; des influences des distributeurs locaux sur les pouvoirs publics pour asseoir leurs propres intérêts ; des problèmes de cohérence et de rapidité d'approvisionnement, avec le risque de devenir ingérable ; des ventes parallèles qui peuvent demain se développer par le réseau internet, etc.

Parallèlement, les industriels réfléchissent à l'opportunité qu'ils ont alors de quitter certains marchés, de réviser leur portefeuille de marques au niveau européen ou d'ajuster leur politique tarifaire. Certains même s'organisent commercialement de façon à répliquer aux organisations des centrales d'achat internationales. Ils créent à cet effet des postes de comptes clés internationaux. Par exemple, le compte clé qui s'occupe de Carrefour en France sera aussi chargé des négociations commerciales non seulement avec Carrefour Marchandises International mais aussi avec les filiales Carrefour présentes dans les pays où son entreprise commercialise ses propres produits. Peu d'industriels, comme la société Gillette, ont encore opté pour cette organisation. Est-ce la peur de se jeter dans la gueule du loup ? Est-ce l'appréhension de se voir directement taxable de remises supplémentaires liées à un plus gros chiffre d'affaires ?

Cherchons à imaginer le compte clé international de demain. Il négociera, à la centrale internationale, la largeur de son assortiment, le tarif et les remises sur facture, une enveloppe de coopération pour tous les pays où ses produits sont présents, les délais de paiement, etc.

Sur le plan local, il adaptera avec les centrales nationales les conditions négociées plus haut à la réalité de chaque pays, tout comme un compte clé national le fait de la centrale nationale aux sociétés régionales : remises promotionnelles pour ajuster le prix consommateur de ses produits au marché de chaque pays, conditionnements et emballages spécifiques, adaptation de son assortiment, opérations de revente, achat de services sur mesure, etc.

Ainsi, on assistera à une centralisation des commandes et des paiements, mais à une décentralisation de la coopération commerciale, hors prospectus et action promotionnelle multipays. Il faudra en effet pouvoir s'adapter aux micromarchés de chaque client et de chaque consommateur, et bénéficier de la flexibilité dans la gestion des flux tendus.

Toutefois, la globalisation des tarifs et remises d'une part et, pour partie, des prestations de service de l'autre, risque de ranimer le délicat débat des marges avant et des marges arrière, les différents pays n'ayant pas les mêmes usages et coutumes à ce sujet.

Ainsi, en France en 1999, la société Procter et Gamble souhaite réduire les marges arrière avec un plan d'aide à la distribution pour réintroduire la notion de marge avant. Procter considère nécessaire en effet, l'évolution des pratiques commerciales en raison de la mondialisation des marchés et de l'arrivée de l'euro. Pour cette société, le système des marges arrière est hypertrophié en France et empêche l'harmonisation de ses tarifs. Elle est en effet obligée de réintégrer ces marges sur le montant de la facture qui devient alors la plus élevée d'Europe. Ce qui implique, par ailleurs, un plan de différenciation des gammes selon les enseignes, afin d'éviter que celles-ci entrent en concurrence en période de promotions. Procter souhaite aussi un alignement de ses achats de service au niveau européen. Le prix de la tête de gondole ou du référencement, à format équivalent, doit être identique dans tous les pays.

Cette initiative de Procter et Gamble est intéressante, car elle met en relief un plus grand besoin de transparence dans les conditions générales de ventes. Par ailleurs, elle fixe bien l'évolution du rôle du compte clé, qui ne peut plus négocier efficacement avec ses clients, les enseignes, sans participer activement à la stratégie commerciale de son entreprise.

Quoi qu'il en soit, négociations internationales ou pas, les relations distributeurs/industriels évoluent dans le bon sens. Ici, comme ailleurs, le contraste entre le battage médiatique – certains parleront de « cancan commercial » – et les perspectives réalistes, entre la pensée trop souvent dominante et les chiffres, est si grand que la vérité dans les relations industrie/commerce est difficile à cerner. Elles ont pourtant acquis de la maturité. La transparence de l'information leur permet de devenir pleinement adultes. En 1993, l'économiste Young s'adressant à l'Association économique européenne intitula son exposé « La tyrannie des chiffres », en ce sens que les économistes pour lui n'ont pas toujours envie de croire aux chiffres, et pourtant les chiffres sont là : « Les faits, Messieurs, juste les faits ! » Utiliser le conflit pour le conflit dans la relation industrie/commerce, c'est vouloir reculer devant l'analyse implacable des chiffres qui permet aux deux parties d'accroître le gâteau. C'est aussi refuser de travailler en équipe multidisciplinaire. Nous vivons dans une société d'alliance ; l'affrontement direct est dorénavant relégué dans les livres d'histoire. Les conflits locaux ont-ils pour autant disparu ?

Certainement pas. Chercher à comprendre les besoins de l'autre, savoir mesurer les résultats des actions, exige plus de finesse, de formation et d'intelligence que de refuser systématiquement tout en bloc. Le temps de la facilité du compte clé affrontant l'acheteur ou vice versa est révolu. Viser ensemble dans la même direction produit toujours plus de bénéfice que poursuivre des objectifs séparés.

Le compte clé est né de la concentration du chiffre d'affaires dans la grande distribution. Le fournisseur traite ainsi le distributeur comme un client avec le même niveau d'exigence et d'expertise qu'il applique au consommateur. La saturation du nombre de magasins ainsi qu'une plus grande infidélité des consommateurs vis-à-vis de leur magasin principal accentuent leur mixité de fréquentation et amènent les principaux groupes de la distribution moderne à travailler sur des positionnements marketing, des différenciations et des programmes de fidélisation. Pour ce faire, les distributeurs ont fait évoluer leur structure traditionnelle d'acheteur en créant parallèlement des organisations marketing, merchandising et/ou de développement commercial. Dans un premier temps, l'industriel a alors adapté son organisation commerciale en se dotant d'une direction trade marketing ou direction marketing distribution, placée à côté des comptes clés. Aujourd'hui, un certain nombre de distributeurs ont créé une structure de category management rassemblant, pour un univers donné, l'acheteur et le marketing opérationnel. De même, certains industriels sont amenés à créer une structure de direction d'enseigne ou de category manager (terme qui pourtant ne devrait être utilisé que chez le distributeur, nous semble-t-il) manageant le compte clé et le trade marketer.

Ainsi, le directeur d'enseigne naît de la différenciation des enseignes. Et, au-delà des mots, les organisations commerciales des industriels sont conduites à intégrer dans leur structure un certain nombre de réflexions :

- Il devient de plus en plus difficile de continuer à raisonner d'une façon nationale. Aussi est-il indispensable d'intégrer dans sa stratégie commerciale la différenciation de ses enseignes clientes.

- Les spécificités des enseignes se traduisent par des organisations propres que chaque compte clé ou directeur d'enseigne doit apprendre à intégrer dans sa démarche commerciale.
- Au-delà de la négociation classique acheteur/vendeur, qui s'établira de plus en plus sur des réalités factuelles de performances des assortiments et des opérations promotionnelles, les enseignes cherchent à travailler en partenariat (Univers, ECR, etc.) avec des industriels fiables, experts et pérennes, quelle que soit l'importance de leur chiffre d'affaires.
- La centralisation des décisions a modifié le rôle des chefs de rayon dans les magasins. Moins tournés vers les négociations commerciales et promotionnelles, ils sont davantage préoccupés par la revente et la gestion de leur rayon. La mission des forces de vente de l'industriel est à réinventer : relais des comptes clés auprès des centrales régionales ou merchandisers pouvant être extériorisés à l'entreprise ?
- Après l'internationalisation des marques des industriels, c'est au tour des enseignes et des groupes de distribution de s'internationaliser à grande vitesse. Il est maintenant temps que les industriels en tiennent compte dans leurs stratégies et leurs organisations.

Annexes

1

Les 25 premières sociétés de distribution européennes et Wal-Mart, le leader mondial

AHOLD

Adresse	Royal Ahold – Albert Heijnweg 1 1507 EH Zaadam – Pays-Bas
Pays	Pays-Bas
Année d'origine	1887
Fondateur	Albert HEIJN
CA total 2003 HT	56 Mds euros
Répartition par zone ou activité	États-Unis : 74 % Europe : 22 % Amérique du Sud : 3 % Asie : 1 %
% CA à l'étranger	90 %
Nombre d'employés	278 500
Nombre de magasins	7 761
Position dominante par pays	N°1 Slovaquie N°1 Suède N°2 Portugal N°2 Norvège N°5 États-Unis
Principales enseignes	- Albert Heijn - AH to go - AH XL - C 1000 - Stop & Shop - Giant - Tops - Bi-Lo - Bruno's - Hypernova - Albert - Ica - Rimi - Tops - City Market
CA 2003 HT en France	0
Magasins par format dans pays d'origine	1 184 Albert HEIJN/SCHUITEMA (Supermarchés)

ALDI

Adresse	En France : 13 rue Clément Ader 77230 DAMMARTIN-EN-GOËLE
Pays	Allemagne
Année d'origine	1960
Fondateur	Théo (Aldi Nord) et Karl ALBRECHT (Aldi Sud)
CA total 2003 HT	39,3 Mds euros
Répartition par zone ou activité	Allemagne : 63,5 % Europe (hors Allemagne) : 23 % États-Unis : 13 % Australie : 0,5 %
% CA à l'étranger	36,5 %
Nombre d'employés	NA
Nombre de magasins	6 678
Position dominante par pays	Allemagne
Principales enseignes	Aldi
CA 2003 HT en France	NA
Magasins par format dans pays d'origine	3 791 Aldi

AUCHAN

Adresse	40 avenue de Flandres – 59170 CROIX
Pays	France
Année d'origine	1961
Fondateur	Gérard MULLIEZ
CA total 2003 HT	38,5 Mds euros
Répartition par zone ou activité	France : 63 % Europe (hors Fance) : 31 % Asie : 4,1 % Autres : 1,5 %
% CA à l'étranger	47 %
Nombre d'employés	160 000
Nombre de magasins	920
Position dominante par pays	N°2 Taïwan N°3 Espagne N°3 Portugal N°4 Italie N°5 France
Principales enseignes	**Hyper :** **Super :** - Auchan - Atac - Alcampo - Acima - Finiper - Cityper - Jumbo - Elea - Marjane - Sabeco - RT Mart - SMA
CA 2003 HT en France	18,4 Mds euros
Magasins par format dans pays d'origine	123 Auchan 382 Atac

CARREFOUR

Adresse	BP 75 – 91002 EVRY
Pays	France
Année d'origine	1959
Fondateur	Marcel FOURNIER Denis et Jacques DEFFOREY
CA total 2003 HT	79 Mds euros
Répartition par zone ou activité	France : 51 % Europe (hors France) : 34 % Amériques : 8 % Asie : 7 %
% CA à l'étranger	50 %
Nombre d'employés	396 660
Nombre de magasins	12 008
Position dominante par pays	N°1 France N°2 Brésil N°1 Espagne N°3 Italie N°1 Belgique N°3 Portugal N°1 Grèce N°5 Chine N°1 Argentine N°1 Taïwan
Principales enseignes	**Hyper :** **Hard-disount :** **Proximité :** - Carrefour - Ed - Shopi **Super :** - Dia - 8 à Huit - Champion - Minipreço - Proxi - GS - Di per Di - GB - GB Express - Globi - Contact GB - Norte - 5'Marino poulos
CA 2003 HT en France	37,3 Mds euros
Magasins par format dans pays d'origine	216 Carrefour 467 Ed 721 8 à Huit 1000 Champion 574 Shopi 280 Marché Plus

CASINO/EMC DISTRIBUTION

Adresse	24 rue de la Montat – 42008 SAINT-ÉTIENNE
Pays	France
Année d'origine	1898
Fondateur	Geoffroy GUICHARD
CA total 2003 HT	39 Mds euros
Répartition par zone ou activité	France : 76,6 % Amérique du Nord : 9,6 % Asie : 5,6 % Europe (hors France) : 4 % Amérique latine : 3 % Autres : 1,2 %
% CA à l'étranger	34 %
Nombre d'employés	115 700
Nombre de magasins	7 291
Position dominante par pays	N°1 Uruguay N°2 Argentine N°3 France N°1 Venezuela N°2 Pologne N°1 Colombie N°2 Pays-Bas N°1 Brésil N°2 Thaïlande

Principales enseignes	**Hyper :** **Proximité :**
	- Géant - Ecoservice
	Super : - Petit casino
	- Casino - Spar
	- Franprix - Vival
	- Spar - Casitalia
	                                          Hard discount :
	                                          - Leader Price

CA 2003 HT en France	15,3 Mds euros
Magasins par format dans pays d'origine	117 Géant 356 Leader Price 424 Casino 4 256 Proxi 558 Franprix 296 Monoprix

COLRUYT

Adresse	Edingensesteenweg 196 B-1500 Halle BELGIQUE
Pays	Belgique
Année d'origine	1925
Fondateur	Franz COLRUYT
CA total 2002 HT	3,1 Mds euros
Répartition par zone ou activité	Distribution alimentaire : 83,2 % Distribution et food service food : 8,5 % Autres activités : 8,3 %
% CA à l'étranger	8 %
Nombre d'employés	11 400
Nombre de magasins	221
Position dominante par pays	Belgique
Principales enseignes	**Super** : - Colruyt - Bio Planet **Proximité** : - Okay - Coccinelle - Coccimarket **Cash & Carry** - Codi Cash **Food Service** : - Groupe Doumenge
CA 2002 HT en France	NA
Magasins par format dans pays d'origine	NA

CONAD

Adresse	Conzorzio Nazionale Dettaglianti scri via Michelino 59 40127 BOLOGNE ITALIE
Pays	Italie
Année d'origine	1962
Fondateur	Groupe coopératif
CA total 2002 HT	6,63 Mds euros
Répartition par zone ou activité	Supermarché et proximité : 77 % Petite proximité : 15 % Hypermarché : 8 %
% CA à l'étranger	1 %
Nombre d'employés	NA
Nombre de magasins	3 038
Position dominante par pays	Italie
Principales enseignes	**Hyper** : - Leclerc - Conad **Super** : - Conad **Proximité** : - Margherita
CA 2003 HT en France	0
Magasins par format dans pays d'origine	3 038

CORA (Louis DELHAIZE)/PROVERA France

Adresse	Domaine de Beaubourg CROISSY-BEAUBOURG BP 81 77423 MARNE-LA-VALLEE
Pays	France
Année d'origine	1965
Fondateur	Fusion entre les Docks du Nord et Mielle-Sanal-Sadal
CA total 2002 HT	9,3 Mds euros
Répartition par zone ou activité	NA
% CA à l'étranger	29 %
Nombre d'employés	22 000
Nombre de magasins	651
Position dominante par pays	N°6 France
Principales enseignes	**Hyper** : - Cora **Super** : - Match - Smatch **Hard discount** : - Profi - Ecomax
CA 2003 HT en France	5,9 Mds euros
Magasins par format dans pays d'origine	54 Cora 150 Match

DELHAIZE Le LION

Adresse	53 rue Osseghen – Molenbeek – St Jean – B1080 BRUXELLES – BELGIQUE
Pays	Belgique
Année d'origine	1867
Fondateur	Jules DELHAIZE
CA total 2003 HT	18,8 Mds euros
Répartition par zone ou activité	États-Unis : 77 % Belgique : 16,5 % Europe (hors Belgique) : 5,5 % Asie : 1 %
% CA à l'étranger	80,0 %
Nombre d'employés	144 000
Nombre de magasins	2 564
Position dominante par pays	N°2 Grèce N°2 États-Unis
Principales enseignes	**Super :** -Delhaize le Lion - Food Lion - Hannaford - Harvey etc. **Proxi :** - Delhaize Proxy - Delhaize City - A.B City market - Shop N Save Express
CA 2003 HT en France	0
Magasins par format dans pays d'origine	707 supermarchés (et 1 485 aux États-Unis)

E. LECLERC

Adresse	52 rue Camille Desmoulins 92451 ISSY-LES-MOULINEAUX CEDEX
Pays	France
Année d'origine	1949
Fondateur	Edouard Leclerc
CA total 2003 HT	27,2 Mds euros
Répartition par zone ou activité	NA
% CA à l'étranger	4 %
Nombre d'employés	76 000
Nombre de magasins	537
Position dominante par pays	N° 2 France (cumulé avec Système U)
Principales enseignes	Leclerc
CA 2003 HT en France	22 Mds euros
Magasins par format dans pays d'origine	414 hypermarchés 111 supermarchés

EROSKI

Adresse	Barrio San Agustin, s/n° 48230 ELORRIO (BIZKAJA) ESPAGNE
Pays	Espagne
Année d'origine	1969
Fondateur	Coopérative
CA total 2002 HT	4,7 Mds euros
Répartition par zone ou activité	NA
% CA à l'étranger	7 %
Nombre d'employés	29 000
Nombre de magasins	1 760
Position dominante par pays	Espagne
Principales enseignes	**Hyper :** - Eroski **Super :** - Maxi - Consum **Proximité :** - Charter **Discount :** - Autoservicios - Familia **Cash & Carry :** - Cash Record
CA 2002 HT en France	En partenariat avec Carrefour
Magasins par format dans pays d'origine	22 supermarchés

GROUPE BOURBON – VINDEMIA

Adresse	La Mare BP 2 97438 SAINTE-MARIE-LA-RÉUNION (33 rue du Louvre 75002 PARIS)
Pays	France
Année d'origine	1948
Fondateur	
CA total 2002 HT	0,94 Mds euros
Répartition par zone ou activité	Distribution Alimentaire : 56 % Services Maritimes : 38 % Autres : 8 %
% CA à l'étranger	39 %
Nombre d'employés	4 557
Nombre de magasins	48
Position dominante par pays	La Réunion Maurice
Principales enseignes	Cora
CA 2002 HT en France	NA
Magasins par format dans pays d'origine	26 hypermarchés

INTERMARCHÉ

Adresse	Parc de Tréville 1 allée des Mousquetaires 91070 BONDOUFLE
Pays	France
Année d'origine	1969
Fondateur	Jean PIERRE LA ROCH
CA total 2003 HT	31 Mds euros
Répartition par zone ou activité	NA
% CA à l'étranger	31 %
Nombre d'employés	112 000
Nombre de magasins	6 777
Position dominante par pays	N°3 France N°4 Allemagne
Principales enseignes	**Super :** - Intermarché - Ecomarché **Hard discount :** - Netto
CA 2003 HT en France	18,7 Mds euros
Magasins par format dans pays d'origine	1 565 Intermarché 266 Netto 500 Proxi

JERONIMO MARTINS

Adresse	Rua Actor Antonio Silva, 7 1600 – 404 LISBONNE PORTUGAL
Pays	Portugal
Année d'origine	1792
Fondateur	Jeronimo MARTINS
CA total 2002 HT	3,89 Mds euros
Répartition par zone ou activité	Distribution Alimentaire : 64 % Services Maritimes : 30 % Autres : 6 %
% CA à l'étranger	38 %
Nombre d'employés	30 700
Nombre de magasins	900
Position dominante par pays	Pologne
Principales enseignes	**Hyper** : - Feira Nova **Super** : - Pingo Doce Hard discount - Biedronka **Cash & Carry :** - Recheiro
CA 2002 HT en France	0
Magasins par format dans pays d'origine	262 magasins dont 24 Feira Nova

LAURUS

Adresse	Parallelweg 64 P.O BOX 175 5201 AD'S Hertogenbosch PAYS-BAS
Pays	Pays-Bas
Année d'origine	1998
Fondateur	Issu de la fusion VENDEX FOOD et DE BOER-UNIGRO
CA total 2002 HT	5,5 Mds euros
Répartition par zone ou activité	N.A.
% CA à l'étranger	Non significatif
Nombre d'employés	33 000
Nombre de magasins	732
Position dominante par pays	Pays-Bas
Principales enseignes	**Super :** - Konmar - Super de Boer - Konmar Supermarkten **Soft discount :** - Edah
CA 2002 HT en France	0
Magasins par format dans pays d'origine	105 Konmar 264 Edah 363 Super de Boer

LIDL

Adresse	En France : 35 rue Charles Péguy 67200 STRASBOURG
Pays	Allemagne
Année d'origine	1972
Fondateur	Dieter SCHWARZ
CA total 2003 HT	28,2 Mds euros
Répartition par zone ou activité	Hard discount : 66,5 % Hyper et Superstores : 32 % Autres : 1,5 %
% CA à l'étranger	50 %
Nombre d'employés	80 000
Nombre de magasins	5 709
Position dominante par pays	Allemagne
Principales enseignes	**Hard-discount** : - Lidl **Hyper** : - Kaufland
CA 2003 HT en France	NA
Magasins par format dans pays d'origine	2374 Hard discount 431 Hyper et Super

METRO

Adresse	Metro AG Schlüterstraße – 41 – 40235 DÜSSELDORF Portfach 230361 – 40089 – DÜSSELDORF
Pays	Allemagne
Année d'origine	1964
Fondateur	Oho BEISHEIM
CA total 2003 HT	53,6 Mds euros
Répartition par zone ou activité	Cash & Carry : 47 % Distribution non alimentaire : 24 % Hyper : 16 % Grands magasins 8 % Super : 5 %
% CA à l'étranger	47 %
Nombre d'employés	235 300
Nombre de magasins	1 357
Position dominante par pays	Allemagne
Principales enseignes	**Hyper :** - Roal Grands magasins : - Galeria Kaufhof **Super :** - Extra **Cash & Carry :** - Metro **Non alimentaire :** - Praktiker
CA 2003 HT en France	NA
Magasins par format dans pays d'origine	247 Roal 491 Extra

MIGROS

Adresse	Fédération des coopératives Migros Limmatstraße 152 8005 ZURICH
Pays	Suisse
Année d'origine	1925
Fondateur	Gottlieb DUTTWEILER
CA total 2002 HT	20,2 Mds euros
Répartition par zone ou activité	Distribution : 79 % Services : 17 % Industries/Autres : 4 %
% CA à l'étranger	9,5 %
Nombre d'employés	83 150
Nombre de magasins	541
Position dominante par pays	Suisse
Principales enseignes	**Hyper et Super** : - M. Migros - MM. Migros - MMM. Migros **Proxi** : - Migrol **Grands Magasins** : - Globus
CA 2002 HT en France	N.A.
Magasins par format dans pays d'origine	286 M. Migros 202 MM. Migros 38 MMM. Migros

MONOPRIX

Adresse	204 rond-point du Pont de Sèvres 92100 BOULOGNE-BILLANCOURT
Pays	France
Année d'origine	1932
Fondateur	Raoul MEYER et Max HEILBRONN
CA total 2002 HT	3,72 Mds euros
Répartition par zone ou activité	Produits frais : 37,8 % PGC : 27 % Textile : 13,3 % Parfumeries : 13 % Autres : 8,9 %
% CA à l'étranger	N.A.
Nombre d'employés	18 000
Nombre de magasins	276
Position dominante par pays	France
Principales enseignes	**Magasin populaire :** - Monoprix **Super :** - Inno **Proximité :** - Daily Monop
CA 2002 HT en France	3 Mds euros
Magasins par format dans pays d'origine	228 Monoprix + 39 Affiliés

MORRISONS

Adresse	Morrisons Place J41 Industriel Estate Carr Gate Wakefield WFZOXF 1014 Vine Street GRANDE-BRETAGNE
Pays	Grande-Bretagne
Année d'origine	1899
Fondateur	William MORRISON
CA total 2002 HT	4,3 Mds euros
Répartition par zone ou activité	Plus de 3 700 m^2 : 20 % De 2 300 à 3 700 m^2 : 72,5 % Moins de 2 300 m^2 : 7,5 %
% CA à l'étranger	NA
Nombre d'employés	46 000
Nombre de magasins	430
Position dominante par pays	Grande-Bretagne
Principales enseignes	Morrison Safeway Safeway Mégastore
CA 2002 HT en France	0
Magasins par format dans pays d'origine	430

REWE

Adresse	Rewe Central : Domstraße 20 D – 50668 COLOGNE ALLEMAGNE
Pays	Allemagne
Année d'origine	Coopérative fondée en 1927
Fondateur	
CA total 2003 HT	39,2 Mds euros
Répartition par zone ou activité	Distribution Alimentaire : 81,7 % Tourisme : 11,7 % Dist. Spécialisée : 6,6 %
% CA à l'étranger	22 %
Nombre d'employés	192 200
Nombre de magasins	15 196
Position dominante par pays	N°1 Allemagne et Autriche
Principales enseignes	**Hyper :** - Toom, Globus **Super :** - Rewe de Supermarket - Mini Mal - Otto mess **Proximité :** - Rewe Nahkauf **Hard-discount :** - Penny Market - Pick Pay
CA 2003 HT en France	0
Magasins par format dans pays d'origine	160 Hypers 5080 Super 2474 Hard discount

SAINSBURY'S

Adresse	J Sainsbury Place : 33 Holborn LONDRES EC1 N2 HT Grande-Bretagne
Pays	Grande-Bretagne
Année d'origine	1869
Fondateur	John James et Mary Ann SAINSBURY
CA total 2002 HT	17,4 Mds euros
Répartition par zone ou activité	Sainsbury's : 76 % Shaw's (USA) : 18,5 % Autres : 5,5 %
% CA à l'étranger	15,5 %
Nombre d'employés	173 000
Nombre de magasins	684
Position dominante par pays	Grande-Bretagne
Principales enseignes	Grande-Bretagne : Sainsbury's USA : Shaw's
CA 2002 HT en France	Non significatif
Magasins par format dans pays d'origine	498

SYSTÈME U

Adresse	1 rue Thomas Edison 94000 CRETEIL
Pays	France
Année d'origine	1975
Fondateur	Jean-Claude JAUNAIT
CA total 2002 HT	12,7 Mds euros
Répartition par zone ou activité	Hyper : 16 % Super U : 77 % Marché U : 7 %
% CA à l'étranger	Non significatif
Nombre d'employés	NA
Nombre de magasins	846
Position dominante par pays	N°2 France (cumulé avec E. Leclerc)
Principales enseignes	Hyper U Super U Marché U Utile
CA 2002 HT en France	12 Mds euros
Magasins par format dans pays d'origine	42 Hyper U 628 Super U 176 Marché U

TESCO

Adresse	Tél.sco place New Tesco House Delaware Road Cheshunt HERFORDSHIRE GRANDE-BRETAGNE
Pays	Grande-Bretagne
Année d'origine	1924
Fondateur	Jack COHEN
CA total 2003 HT	42 Mds euros
Répartition par zone ou activité	Grande-Bretagne : 82 % Europe (hors GB) : 10 % Asie : 8 %
% CA à l'étranger	18 %
Nombre d'employés	296 000
Nombre de magasins	2375
Position dominante par pays	N°1 Grande-Bretagne
Principales enseignes	Tesco Extra Tesco Superstore Tesco Metro Tesco Express Tesco High Street T & S
CA 2003 HT en France	NA
Magasins par format dans pays d'origine	486 Hypers 143 Supers 100 Hard discounts

WAL-MART

Adresse	702 Southwest – 8th Street – BENTONVILLE (ARKANSAS) ÉTATS-UNIS
Pays	États-Unis
Année d'origine	1962
Fondateur	Sam WALTON
CA total 2003 HT	272 Mds euros
Répartition par zone ou activité	États-Unis : 83,5 % Grande-Bretagne : 7,5 % Mexique : 4 % Autres : 5 %
% CA à l'étranger	19,0 %
Nombre d'employés	1 400 000
Nombre de magasins	4 688
Position dominante par pays	N°1 États-Unis N°1 Mexique N°2 Grande-Bretagne
Principales enseignes	**Hyper + Super :** - Walmart Stores - Walmart Super centers - Asda-Walmart - Bodegas **Cash & Carry :** - Sam's Club **Proximité :** - Neighbor hood market - Amigos - Todo dias
CA 2003 HT en France	0
Magasins par format dans pays d'origine	1 566 SM Wal-Mart 1 244 Supercenter 522 Sam's Club 39 Neighbor hood Markets

2

Le cyber commerce

Les cybermarchés alimentaires : principales caractéristiques

Site	Produits vendus	Zone de livraison	Tarif de livraison
auchandirect. fr	5 000 références Produits frais, épicerie, boissons, vins	Paris	11,98 €
houra. fr (groupe Cora)	50 000 références Épicerie, boissons, vins, produits frais	27 départements	10,21 € Lyon, Marseille, Nice, Lille 11,95 € Paris, banlieue 13,95 € Strasbourg, Bordeaux
ooshop. com (groupe Carrefour)	6 000 références Produits frais, surgelés, épicerie, boissons, vins	Paris et départements 78, 91, 92, 94 + Lyon	12,96 €
telemarket. fr (groupe Galeries Lafayette)	4 500 références Produits frais, surgelés, épicerie, boissons, vins 1 500 commandes/ jour	Paris, banlieue	10,95 € Paris 11,95 € Autres

Les places de marché électroniques

GNX (février 2000)
- 7 actionnaires : Carrefour, Sears, Metro, Kroger, Sainsbury, Cols Meyer et PPR.
- Plus une dizaine d'adhérents : Markant, Daiei…

WWRE (mars 2000)

- 59 distributeurs associés : Auchan, Albertson's, Casino, K-mart, Safeway, Target, Kingfisher, Marks & Spencer, Tesco, Ahold, Boots, Coop Italia, Dairy Farm, Delhaize, Rewe, Cora, JC. Penney, Toys'r'us…

Quelques milliards d'euros de volume d'affaires réalisés à ce jour.

3

Les sociétés d'information
et d'études de marché

ARBALET

Le panel ARBALET, créé en 1994, est un outil de mesure des promotions sur prospectus au service des fabricants et des distributeurs (PROMOCLASS). Il se base sur un échantillon permettant aux 500 panélistes représentatifs des boîtes à lettres françaises de :

- quantifier dans chaque famille de produits, segment de marché, la part de voix des marques en prospectus, exprimée en équivalent surface de vente en mètres carrés des magasins correspondants ;
- évaluer pour chaque marque, chaque référence, sa participation à l'offre promotionnelle des enseignes ;
- analyser les politiques de gamme d'offres spéciales, de prix des fabricants ;
- étudier le positionnement promotionnel des enseignes.

L'accès à la base de données est possible par logiciel de traitement.

GEO CLASS est un nouvel outil de géomerchandising permettant de faire l'analyse des performances d'un magasin ou d'une enseigne sur une catégorie.

ARBALET
45, rue de Boussignault – 75013 PARIS
Tél. : 01 45 88 45 88 – Fax : 01 46 80 19 44

SOCIÉTÉ COMPÉTITRICE : A3 DISTRIPUB

AC NIELSEN

La société est née de la crise de 1929 aux États-Unis, et dès 1935, elle commercialise le concept de part de marché. Aujourd'hui, AC Nielsen, leader mondial de l'étude marketing et des services d'information et d'analyse, propose ses services dans plus de 90 pays à 9 000 clients.

1. Les panels de détaillants : Scantrack

Basé sur des échantillons représentatifs d'un univers donné (GMS alimentaires ou spécialisés, pharmacies, stations services, etc.), les panels de détaillants mesurent à intervalle régulier (le mois, en alimentaire), les flux des produits de détail (grande consommation, biens durables et produits pharmaceutiques), la part de marché, la distribution (la DN/DV), le prix de vente aux consommateurs ainsi que d'autres facteurs dans plus de 150 000 magasins et 65 pays, audités manuellement par les inspecteurs Nielsen, ou le plus souvent aujourd'hui par le scanning (lancé en 1979).

Nielsen propose à ses clients d'acheter les informations Système U (depuis 1994) et Carrefour (depuis 1998).

2. Les panels de consommateurs : Homescan ou Home panel

Les panels de consommateurs fournissent des informations sur les achats de plus de 116 000 ménages dans 15 pays. Les informations qu'ils fournissent permettent de comprendre le comportement d'achat de consommation de chaque segment de la population : Où les consommateurs effectuent-ils leurs achats ? Qu'achètent-ils ? Combien dépensent-ils ? Pourquoi achètent-ils une marque plutôt qu'une autre ? Quelle est la raison de leur fidélité à une marque ou à une enseigne ?

3. Les mesures d'audience

C'est en 1942 qu'AC Nielsen a lancé ses premiers services de mesure d'audience pour la radio. Aujourd'hui, elles concernent tout d'abord la télévision avec 50 000 ménages et 150 000 personnes dans 25 pays, qui apportent une information sur la démographie, la taille et la structure des audiences. Les acheteurs et vendeurs d'espace peuvent ainsi négocier au moyen d'une mesure commune. Les mesures d'audience portent aussi, outre la radio, sur la presse écrite et Internet.

4. La gestion du marketing mix

AC Nielsen fournit des informations et des mesures sur le marché au travers de :

- l'optimisation des prix :
  - impact de l'augmentation de prix d'une marque sur les ventes volume et la contribution financière ;
  - impact de la réponse de la concurrence à une augmentation de prix d'une marque.
- l'optimisation de la promotion (augmentation des ventes de la catégorie de produits), suivant plusieurs scénarios affectés à une marque :
  - baisse de prix ;
  - lot virtuel ;
  - quantité en plus ;
  - mise en avant ;
  - bande son en linéaire, etc.
- l'analyse concurrentielle ; impact sur la contribution financière.
- l'optimisation du mix média.

Ces analyses portent sur les ventes de base d'une marque (la tendance de la marque) par rapport au volume directement imputable à une activité marketing spécifique (« les incrémentales ») :

- 100 GRP ;
- mécanisme promotionnel en magasin ;
- lot ;
- réduction de prix.

5. Services merchandising

Ces services proposent des recommandations stratégiques sur la planification des assortiments, la répartition de l'espace, les niveaux de stocks, l'emplacement, les prix et les promotions.

Pour cela, AC Nielsen utilise dans plus de 40 pays le logiciel Spaceman, qui permet de bâtir des planogrammes et d'offrir des fonctionnalités supplémentaires avec Wizard, Live Image Manager, Planogram Viewer, Merchandiser, Links et Shelf Builder.

6. Diffusion de l'information

En 1992, AC Nielsen a ouvert la voie dans le domaine des systèmes d'aide à la décision avec INF'act Workstation, premier outil d'analyse multidimensionnel sous Windows.

En 1996, AC Nielsen a créé le premier service permettant d'utiliser Internet pour diffuser ses informations.

AC NIELSEN
9, avenue des Trois-Fontaines
95007 CERGY PONTOISE
Tél. : 01 34 41 44 44 – Fax : 01 30 38 60 77

SOCIÉTÉ COMPÉTITRICE : IRI SECODIP

4 rue André Derain
78240 CHAMBOURCY
Tél. : 01 30 06 22 00 – Fax : 01 30 65 01 69

Avec son panel Infoscan, ses études Smart (analyse relevé terrain), Declic (exploitation du panel Infoscan), Sensi (prix, promo, mix, références, linéaire et géomerchandising), son logiciel Apollo (modèle de gestion de linéaire), ses logiciels d'analyse de données comme Analyser ou Partners.

SOFRES DISTRIBUTION

Étude d'image, de fréquentation, et de raisons de multifréquentation des GMS.

Depuis 1985, Sofrès Distribution interroge chaque année fin juin, par voie postale, les 20 000 foyers du panel Métascope, représentatif des ménages français.

Les principaux résultats sont :
- l'image des enseignes ;
- le niveau de fréquentation des GMS ;
- les enseignes fréquentées ;
- la hiérarchie des fréquentations des principales enseignes ;
- la multifréquentation ;
- la fréquence de visite ;
- les sommes dépensées ;
- le poids des clientèles sur le chiffre d'affaires ;
- les indices de performance.

> **SOFRES DISTRIBUTION**
> 16, rue Barbès
> 92129 MONTROUGE CEDEX
> Tél. : 01 40 92 40 92 – Fax : 01 42 53 91 16

TNS-SECODIP

1. Le panel consommateur : CONSOSCAN

Existant depuis une trentaine d'années, c'est un panel consommateurs de 8 000 foyers, représentatif de la population française sur les critères sociodémographiques. Équipés de « scannettes », les consommateurs communiquent automatiquement l'ensemble de leurs achats sur une couverture exhaustive des circuits de distribution.

Les informations principales du panel, disponibles tous les mois, au semestre ou par an, par type de circuit et par enseigne – Leclerc, Intermarché, Carrefour, Auchan, Système U, Continent, Géant, Champion, Cora, Stoc, supermarchés Casino, Atac, Primo, les harddiscounters (dont Aldi, Leader Price, Lidl, etc.), Franprix, Match – sont les suivantes :

QA OU SD EXTRAPOLÉES

    Quantités achetées ou sommes dépensées extrapolées à la population française

    (QAP 100)

    100 x population du marché analysé.

PDM QA OU SD

    Part de marché de la marque en quantités achetées (volume) ou en sommes dépensées (valeur).

PDM NA

    Part de marché de la marque en nombre d'acheteurs (clientèle) ou pénétration relative (relative = ramenée à une base 100 % total marché par exemple).

REP QA, SD ou NA

Répartition du ou des critères sélectionnés en quantités achetées (volume), en sommes dépensées (valeur), ou en nombre d'acheteurs (clientèle).

IND QA ou SD

Indice en quantités achetées (volume) ou sommes dépensées (valeur) calculé à partir des QAP 100 ou des SDP 100.

IND NA

Indice en nombre d'acheteurs (clientèle) calculé à partir des NAP 100.

IND QA/NA

Indice en quantités achetées par ménage acheteur (consommation) calculé à partir des QA/NA.

Structure volume ou valeur

Part de marché en volume ou en valeur faite sur la première ligne de la nomenclature sélectionnée.

Les variables finissant par « VA »

Variables en valeur absolue ramenées à l'échantillon.

NAP100

Nombre d'acheteurs pour 100 ménages de l'échantillon. Taille de clientèle ou pénétration.

QAP100

Quantités achetées pour 100 ménages de l'échantillon. Volume ou achats.

SDP100

Sommes dépensées pour 100 ménages de l'échantillon. Valeurs ou dépenses.

NBE ACTE P100 (NBP100)

Nombre d'actes (de paniers) d'achats pour 100 ménages de l'échantillon.

QA/NA

Quantités achetées par ménage acheteur. Niveau moyen d'achat ou consommation par ménage.

SD/NA

Sommes dépensées par ménage acheteur. Budget moyen par ménage.

ACTE/NA (NBP/NA)

Nombre d'actes d'achats par ménage acheteur. Fréquence d'achat.

QA/ACTE OU SD/ACTE (QA/NBP OU SD/NBP)

Quantités achetées ou sommes dépensées par acte d'achat.

PRIX MOYEN

Rapport des sommes dépensées sur les quantités achetées. Prix ramené à l'unité du marché.

POP EFF CONST

Population effectif constant. Donne la répartition de la population française sur les critères sociodémographiques pour la période sélectionnée.

Toutes ces informations traitées au niveau des marques, références ou conditionnements d'un marché précis sont globalisées par groupes de produits ou univers puis sur un total France de 260 marchés.

2. Référenseigne

Cette étude, qui existe depuis une dizaine d'années, a pour objectif de comprendre et d'analyser chacune des composantes consommateur de la part de marché de chacune des 16 enseignes traitées.

Pour ce faire, sont utilisés le panel constant issu du panel Consoscan de 8 000 ménages, la pige quantitative de Sécodip qui mesure les investissements publicitaires, la pige qualitative qui analyse le contenu de la communication institutionnelle de chaque enseigne et le panel Arbalet qui audite les prospectus.

Les informations principales, sur une année mobile fin de premier semestre de chaque année, sont les suivantes :

- Données de références par circuit (hypermarché, supermarché) :
    - parc de magasins et évolution ;
    - part de marché circuit et évolution ;
    - fréquence de visite et panier moyen ;
    - nombre de ménages par hypermarché et supermarché ;
    - profils de clientèle ;
    - part de marché des rayons ;
    - part des marques distributeurs ;
    - implication des ménages dans le choix d'une enseigne ;
    - implication des ménages dans le choix des marques distributeurs.

- Performances comparées des enseignes :
  - analyse des parts de marché ;
  - parts de marché et évolution ;
  - parts de marché régionales ;
  - composantes des parts de marché ;
  - hit parade des enseignes par rayon ;
  - attractivité/fidélité ;
  - comparaison attractivité/pénétration ;
  - investissements publicitaires/pression prospectus ;
  - analyse de fidélité et structure de clientèle (fidèle, assez fidèle, occasionnelle) ;
  - poids des marques de distributeurs ;
  - les mouvements N + 1 versus N ;
  - transferts entre enseigne ;
  - mixité de fréquentation ;
  - comparaison des clientèles de chaque enseigne ;
  - profils comparés ;
  - images comparées par enseigne : service, qualité de l'offre, accueil...

- Monographie par enseigne :
  - analyse des performances ;
  - parts de marché, évolution et composantes ;
  - forces et faiblesses par rayon ;
  - parts de marché régionales ;
  - saisonnalité des parts de marché et de la pénétration comparée à la pression prospectus ;
  - attractivité/fidélité ;
  - comparaison attractivité/pénétration ;
  - performances moyennes par magasin ;

- décomposition de la clientèle et comparaison N + 1 versus N (fidèle/assez fidèle/occasionnelle) ;
- performances des marques de distributeurs en fonction de la fidélité ;
- analyse de concurrence :
- mixités ;
- transferts.

3. Trade Man

C'est une démarche de trade marketing ayant pour objectif le développement simultané des performances de chacun (fabricant et distributeur), par l'amélioration de la fidélité de leur clientèle (marques et enseignes).

Elle repose sur l'observation et l'analyse des achats de la clientèle de chaque enseigne et met en évidence :

- la fidélité à l'enseigne ou part des achats que la clientèle d'une enseigne consacre à cette enseigne ;
- le potentiel de consommation de la clientèle de l'enseigne ou poids que représentent les achats de cette clientèle dans l'ensemble des enseignes ;
- le manque à gagner ou montant des achats que la clientèle de l'enseigne consacre aux enseignes concurrentes.

En combinant, sur un univers de consommation ou sur un marché précis, potentiel de consommation de la clientèle d'une enseigne et niveau de fidélité, on peut établir une typologie des univers ou groupes de produits par enseigne (niches, carré magique, carré prioritaire et marchés à surveiller).

Par ailleurs, l'analyse du manque à gagner ou du comportement de la clientèle d'une enseigne, en dehors de cette enseigne, permet de déterminer ses compétiteurs les plus importants.

4. Tableau de bord enseigne

Pour les 10 premières enseignes (85 % du chiffre d'affaires) et le total hard discount :

- comparaison des performances enseignes à travers l'évolution des variations de part de marché entre les enseignes, en année mobile ou sur la dernière période de quatre semaines ;

- suivi historique de chaque enseigne sur sa part de marché, la taille de sa clientèle et du panier moyen de cette dernière.

5. Les 16 plus grandes opérations nationales

Analyse comparée des 16 opérations nationales. Des « gratuits » d'Auchan à « Festimagic » de Carrefour, à partir du panel de consommateur (Consoscan), de la pige quantitative et qualitative de Sécodip, d'une étude sémiologique et du suivi Arbalet sur l'activité prospectus.

Les informations principales de chacune des 16 opérations sont :

- le descriptif du prospectus ;

- l'analyse qualitative du prospectus ;

- la performance de l'enseigne (12 semaines avant, pendant, et 12 semaines après), sur la part de marché valeur, la pénétration moyenne semaine, le panier moyen, et la fidélité.

6. Euro Panorama

Synthèse européenne de la distribution sur 13 pays et consolidation européenne des groupes Aldi, Promodès, Auchan, Carrefour et Intermarché.

7. Étude de prix

À partir du panel distributeur Infoscan d'Iri et du panel consommateur Consoscan de Sécodip, analyse sur 260 marchés et 34 catégories de produits :

- des composantes structurelles du prix au niveau de la catégorie ;
- des sensibilités des marques au prix de vente ;
- des comportements des consommateurs face au prix de vente.

TNS-SECODIP
9, rue Franis Pédron – BP 3
78241 CHAMBOURCY CEDEX
Tél. : 01 39 65 56 56 – Fax : 01 30 74 80 69

SOCIÉTÉ COMPÉTITIVE : AC NIELSEN
9, avenue des Trois-Fontaines
95007 CERGY PONTOISE
Tél. : 01 34 41 44 44 – Fax : 01 30 38 60 77

Avec son panel Homescan

4

Les sociétés de conseil

BCMW

Cette société, créée en 1971, est spécialisée dans le conseil commercial opérationnel et dans le merchandising :
- Stratégie commerciale : choix des canaux de distribution.
- Politique commerciale : tarif, gestion et optimisation des ressources commerciales, stratégie par enseigne et trade, etc.
- Force de vente : optimisation de la couverture, outils de vente et argumentaires, reporting d'activité, rémunération et stimulation.
- Organisation et composition d'espace de vente en magasin.
- Compréhension du consommateur avec approche spécifique Sémioline ou Multivision.
- Conception et aménagement d'espace de vente.
- Habillage de linéaire en libre service.
- Dossiers merchandising et progiciels : Visu, Optiline, Gestline, Rentline, Compline, etc.
- Outils de suivi, contrôle et reporting.

Création en 2001 du département TRANSMAN dont l'objectif est de fournir aux industriels des managers commerciaux de transition.

> **BCMW**
> 19, rue Danton
> 94270 LE KREMLIN BICÊTRE
> Tél. : 01 53 14 16 80 – Fax : 01 53 14 16 99

SOCIÉTÉ COMPÉTITRICE : RACING

20, rue Troyon
92130 SÈVRES
Tél. : 01.55.64.03.60 – Fax : 01.55.64.03.63

CEGOS

Société experte de l'entreprise et du management depuis plus de 70 ans, elle utilise les trois modes d'intervention suivants : le conseil, la formation et le recrutement, en France et dans l'Europe entière.

Dans le domaine de la grande consommation, on citera les formations suivantes :

- Négocier et défendre ses marges.

- Faire face aux pressions des acheteurs de la distribution.

- Négocier au point de vente en grande distribution.

Par ailleurs, les 500 consultants de la Cegos forment les entreprises sur des thèmes de demain comme :

- Les 35 heures : comment s'organiser pour réussir ?

- L'entreprise en réseau avec les nouvelles technologies Internet/Intranet/Externet.

- Pour être rapidement « Europérationnels » ou comment transformer la monnaie unique en véritable avantage concurrentiel pour l'entreprise ?

- Les nouveaux défis de la grande distribution.

- Le category management.

CEGOS
204, rond-point du Pont de Sèvres
92516 BOULOGNE-BILLANCOURT CEDEX
Tél. : 01 46 20 60 60 – Fax : 01 46 20 60 80

CENTRE EUROPÉEN DE LA NÉGOCIATION

Un des premiers spécialistes en matière de gestion des conflits par la négociation et la médiation, le Centre européen de la négociation, a été créé en 1980 par Michel Ghazal.

Il propose un des parcours les plus complets pour les négociateurs professionnels :

- La stratégie des gains mutuels : pratique de la négociation raisonnée, gérer la complexité en négociation.
- Négocier avec les gens et les situations difficiles.
- De négociateur à facilitateur en négociation.
- Le négociateur acteur/le négociateur auteur.
- La résolution créative de problème en négociation.
- Du stress au plaisir de négocier.
- La communication en négociation.

Le Centre européen de la négociation apporte une assistance stratégique pour préparer, conduire et suivre des négociations difficiles entre industriels et distributeurs.

CENTRE EUROPÉEN DE LA NÉGOCIATION
44, avenue des Champs-Élysées
75008 PARIS
Tél. : 01 53 53 05 05 – Fax : 01 53 53 05 09

CPM

Société spécialisée dans la mise en place de force de vente complémentaire.

- Mission de vente et revente en circuit alimentaire (SM et HM) et en circuit spécialisé.
- Concept de force de vente multi-industriels (coûts partagés).
- Prestation de brokerage.

CPM
2, rue Maurice Hartmann
92137 ISSY-LES-MOULINEAUX CEDEX
Tél. : 01 40 95 25 00 – Fax : 01 40 95 27 51

SOCIÉTÉ COMPÉTITRICE : PÉNÉLOPE

171, quai de Valmy
75010 PARIS
Tél. : 01 42 09 10 00 – Fax : 01 42 05 69 17

SOCIÉTÉ COMPÉTITRICE : CIRCULAR

18, rue Troyon
92316 SÈVRES CEDEX
Tél. : 01 46 23 66 66 – Fax : 01 46 23 66 79

DIA-MART

Société de conseil et d'études en marketing et en stratégie davantage tournée vers la distribution.

1. Conseil

- en stratégie de développement ;
- en marketing d'enseigne ;
- en systèmes de pilotage marketing.

2. Études

- stratégiques et prospectives ;
- marketing qualitatives et quantitatives ;
- observatoire international des stratégies dans la distribution.

  Les industriels font également appel à cette société dans trois domaines :

- les études multinationales, comme la distribution alimentaire en Europe (1996), la distribution alimentaire en 1997, et la « guerre mondiale est déclarée » (1998) ;
- la veille internationale dans la distribution alimentaire avec une synthèse écrite toutes les six semaines ;
- les consultations de prospective sur la distribution.

DIA-MART
18, rue de Turbigo
75002 PARIS
Tél. : 01 42 36 00 36 – Fax : 01 42 36 00 31

PERSPECTIVE

Société de conseil et service, positionnée en charnière des marques et des enseignes, face aux consommateurs/clients communs.

Développement de méthodes exclusives pour les industriels :

- le plan marketing enseigne, qui permet de hiérarchiser les distributeurs, en fonction des contributions (analyse multicritères) à la stratégie de l'industriel ;
- le contexte/revue et le plan opérationnel personnalisé par enseigne en fonction de l'analyse croisée des objectifs ;
- un observatoire du Commerce permettant aux industriels une veille culturelle sur les enseignes et à ces dernières une veille concurrentielle.

Des produits exclusifs développés par cet observatoire :

- Perspectiv'Obs ;
- internationalisation et inter-relation des enseignes ;
- panorama des cartes privatives.

Des études exclusives : Les valeurs des enseignes perçues par les clients – étude permettant :

- aux distributeurs d'affiner leur communication en regard de leur positionnement ;
- aux industriels de mieux optimiser leurs moyens dans les enseignes ayant des proximités de valeur avec les marques.

L'évolution du métier de vendeur face à la grande distribution – étude permettant aux sociétés industrielles :

- de mieux affiner leur structure de fonctionnement, fonction de l'évolution des enseignes ;

- de mieux profiler les recrutements ou les missions des vendeurs en fonction des objectifs de la marque.

PERSPECTIVE
26, rue Berthollet
75005 PARIS
Tél. : 01 44 08 66 80 – Fax : 01 45 87 16 16

PBMO Corporate

Société, créée en 1991, de conseil en management et d'optimisation des ressources budgétaires, tant au plan quantitatif qu'au plan qualitatif.

On citera les missions principales suivantes :

- Analyse et recommandations des politiques d'investissement : conditions générales de vente, charte tarifaire, politique promotionnelle, budget contre facture.
- Bilans de dynamique commerciale, du coût complet client, des éventuels risques – discriminatoires – et du rapprochement des distributeurs, des potentiels et des profitabilités réciproques.
- Outils de gestion et simulation de négociation.
- Baromètre confidentiel sur suivi des marges arrières

PBMO Corporate
14/30, rue de Mantes
Immeuble « Le Charlebourg »
92700 COLOMBES
Tél. : 01 47 82 41 41 – Fax : 01 47 82 50 06

5

Les textes de lois

La loi Galland (articles 31 à 36) du 1ᵉʳ décembre 1996 versus ordonnance Balladur (1986)

Article 31

Tout achat de produits ou toute prestation de service pour une activité professionnelle doit faire l'objet d'une facturation.

Le vendeur est tenu de délivrer la facture dès la réalisation de la vente ou la prestation du service. L'acheteur doit la réclamer. La facture doit être rédigée en double exemplaire. Le vendeur et l'acheteur doivent en conserver chacun un exemplaire.

La facture doit mentionner le nom des parties ainsi que leur adresse, la date de la vente ou de la prestation de service, la quantité, la dénomination précise, et le prix unitaire hors TVA des produits vendus et des services rendus **ainsi que toute réduction de prix acquise à la date de la vente ou de la prestation de service et directement liée à cette opération de vente ou de prestation de service, à l'exclusion des escomptes non prévus sur la facture.**

La facture mentionne également la date à laquelle le règlement doit intervenir. Elle précise les conditions d'escompte applicables en cas de paiement à une date antérieure à celle résultant de l'application des conditions générales de vente.

Le règlement est réputé réalisé à la date à laquelle les fonds sont mis, par le client, à la disposition du bénéficiaire ou de son subrogé.

Toute infraction aux dispositions du présent article est punie d'une amende de 500 000 F (76 224,50 €).

Textes de loi

L'amende peut être portée à 50 pour cent de la somme facturée ou de celle qui aurait dû être facturée.

Les personnes morales peuvent être déclarées responsables conformément à l'article 121-2 du Code pénal. Les peines encourues par les personnes morales sont :

« 1° L'amende suivant les modalités prévues par l'article 131-38 dudit code ;

« 2° La peine d'exclusion des marchés publics pour une durée de cinq ans au plus, en application du 5° de l'article 131-39 du Code pénal. »

Article 32

I – Le fait, pour tout commerçant, de revendre ou d'annoncer la revente d'un produit en l'état à un prix inférieur à son prix d'achat effectif est puni de 500 000 F (76 224,50 €) d'amende. Cette amende peut être portée à la moitié des dépenses de publicité dans le cas où une annonce publicitaire, quel qu'en soit le support, fait état d'un prix inférieur aux prix d'achat effectif.

Le prix d'achat effectif est le prix unitaire figurant sur la facture, majoré des taxes sur le chiffre d'affaires, des taxes spécifiques afférentes à cette revente et du prix du transport.

Les personnes morales peuvent être déclarées pénalement responsables, dans les conditions prévues par l'article 121-2 du Code pénal, de l'infraction prévue au premier alinéa du présent article.

Les peines encourues par les personnes morales sont :

1° l'amende suivant les modalités prévues par l'article 131-38 du Code pénal ;

2° la peine mentionnée au 9° de l'article 131-39 du même code.

La cessation de l'annonce publicitaire peut être ordonnée dans les conditions prévues à l'article L 121-3 du Code de la consommation.

II – Les dispositions qui précèdent ne sont pas applicables :

1° - aux ventes volontaires ou forcées motivées par la cessation ou le changement d'une activité commerciale ;

– aux produits dont la vente présente un caractère saisonnier marqué, pendant la période terminale de la saison des ventes et dans l'intervalle compris entre deux saisons de vente ;

– aux produits qui ne répondent plus à la demande générale en raison de l'évolution de la mode ou de l'apparition de perfectionnement technique ;

– aux produits, aux caractéristiques identiques, dont le réapprovisionnement s'est effectué en baisse, le prix effectif d'achat étant alors remplacé par le prix résultant de la nouvelle facture d'achat ;

– aux produits alimentaires commercialisés dans un magasin d'une surface de vente de moins de 300 m^2 et aux produits non alimentaires commercialisés dans un magasin d'une surface de moins de 1 000 m^2 dont le prix de revente est aligné sur le prix légalement pratiqué pour les mêmes produits par un autre commerçant dans la même zone d'activité.

2° - à condition que l'offre de prix réduit ne fasse pas l'objet d'une quelconque publicité ou annonce à l'extérieur du point de vente, aux produits périssables à partir du moment où ils sont menacés d'altération rapide.

III – Les exceptions prévues au II ne font pas obstacle à l'application du 2 de l'article 189 et du 1 de l'article 197 de la loi n° 85-98 du 25 janvier 1985 relative au redressement et à la liquidation judiciaire des entreprises.

Article 33

Tout producteur, prestataire de services, grossiste ou importateur, est tenu de communiquer à tout acheteur de produit ou demandeur de prestation de services pour une activité professionnelle, qui en fait la demande, son barème de prix et ses conditions de vente.

Celles-ci comprennent les conditions de règlement et, le cas échéant, les rabais et les ristournes.

Les conditions de règlement doivent obligatoirement préciser les modalités de calcul et les conditions dans lesquelles des pénalités sont appliquées dans le cas où les sommes dues sont versées après la date de paiement figurant sur la facture, lorsque le versement intervient au-delà du délai fixé par les conditions générales de vente.

Ces pénalités sont d'un montant au moins équivalent à celui qui résulterait de l'application d'un taux égal à une fois et demie le taux de l'intérêt légal.

La communication prévue au premier alinéa s'effectue par tout moyen conforme aux usages de la profession.

Les conditions dans lesquelles un distributeur ou un prestataire de services se fait rémunérer par ses fournisseurs, en contrepartie de services spécifiques, doivent faire l'objet d'un contrat écrit en double exemplaire détenu par chacune des deux parties.

Toute infraction aux dispositions visées ci-dessus sera punie d'une amende de 100 000 F (15 244,90 €).

Les personnes morales peuvent être déclarées responsables pénalement, dans les conditions prévues par l'article 121-2 du Code pénal.

La peine encourue par les personnes morales est l'amende, suivant les modalités prévues par l'article 131-38 dudit code.

Article 34

Est puni d'une amende de 5 000 à 100 000 F (762,25 à 15 244,90 €) le fait par toute personne d'imposer, directement ou indirectement, un caractère minimal au prix de revente d'un produit ou d'un bien, au prix d'une prestation de service ou à une marge commerciale.

Article 35

À peine d'une amende de 500 000 F (76 224,50 €), le délai de paiement, par tout producteur, revendeur ou prestataire de services, ne peut être supérieur :

- à trente jours après la fin de la décade de livraison pour les achats de produits alimentaires périssables et de viandes congelées ou surgelées, ainsi que de poissons surgelés, à l'exception des achats de produits saisonniers effectués dans le cadre de contrats dits de culture visés à l'article 17 de la loi n° 64-678 du 6 juillet 1964 tendant à définir les principes et les modalités du régime contractuel en agriculture ;

– à vingt jours après le jour de livraison pour les achats de bétail sur pied destiné à la consommation et de viandes fraîches dérivées ;

– à trente jours après la fin du mois de livraison pour les achats de boissons alcooliques passibles des droits de consommation prévus à l'article 403 du code général des impôts ;

– à défaut d'accords interprofessionnels conclus en application de la loi n° 75-600 du 10 juillet 1975 relative à l'organisation interprofessionnelle agricole et rendus obligatoires par voie réglementaire à tous les opérateurs sur l'ensemble du territoire métropolitain pour ce qui concerne les délais de paiement, à soixante-quinze jours après le jour de livraison pour les achats de boissons alcooliques passibles des droits de circulation prévus à l'article 438 du même code.

Article 36

Engage la responsabilité de son auteur et l'oblige à réparer le préjudice causé le fait, par tout producteur, commerçant, industriel ou artisan :

1. De pratiquer, à l'égard d'un partenaire économique, ou d'obtenir de lui des prix, des délais de paiement, des conditions de vente ou des modalités de vente ou d'achat discriminatoires et non justifiés par des contreparties réelles en créant, de ce fait, pour ce partenaire, un désavantage ou un avantage dans la concurrence ;

2. Supprimé (versus l'ordonnance Balladur de 1986) ;

3. D'obtenir ou de tenter d'obtenir un avantage, condition préalable à la passation de commandes, sans l'assortir d'un engagement écrit sur un volume d'achat proportionné et, le cas échéant, d'un service demandé par le fournisseur et ayant fait l'objet d'un accord écrit ;

5. D'obtenir ou de tenter d'obtenir, sous la menace d'une rupture brutale des relations commerciales, des prix, des délais de paiement, des modalités de vente ou des conditions de coopération commerciale manifestement dérogatoires aux conditions générales de vente ;

5. De rompre brutalement, même partiellement, une relation commerciale établie, sans préavis écrit tenant compte des relations commerciales antérieures ou des usages reconnus par des accords interprofessionnels. Les dispositions précédentes ne font pas obstacle à la faculté de résiliation sans préavis, en cas d'inexécution par l'autre partie de ses obligations ou de force majeure ;

6. De participer directement ou indirectement à la violation de l'interdiction de revente hors réseau faite au distributeur lié par un accord de distribution sélective ou exclusive au titre des règles applicables du droit à la concurrence.

L'action est introduite devant la juridiction civile ou commerciale compétente par toute personne justifiant d'un intérêt, par le parquet, par le ministre chargé de l'Économie ou par le président du Conseil de la concurrence, lorsque ce dernier constate, à l'occasion des affaires qui relèvent de sa compétence, une pratique mentionnée au présent article.

Le président de la juridiction saisie peut, en référé, enjoindre la cessation des agissements en cause ou ordonner toute autre mesure provisoire.

La circulaire Dutreil du 16 mai 2003 relative à la négociation commerciale entre fournisseurs et distributeurs

Le secrétaire d'État aux petites et moyennes entreprises, au commerce, à l'artisanat, aux professions libérales et à la consommation, à Mesdames et Messieurs les préfets.

Le dispositif juridique applicable aux relations commerciales entre fournisseurs et distributeurs a connu au cours des dernières années des évolutions importantes : la loi du 1er juillet 1996 (dite loi Galland) a visé à améliorer la transparence et la loyauté des transactions commerciales et à rééquilibrer les rapports entre fournisseurs et distributeurs ; la loi du 15 mai 2001 relative aux nouvelles régulations économiques s'est efforcée de moraliser les pratiques commerciales en définissant les comportements abusifs engageant la responsabilité de leur auteur et en renforçant les pouvoirs d'action vis-à-vis de ces pratiques.

La présente circulaire a pour objet de préciser le cadre juridique de l'action administrative, qui résulte de ces textes législatifs. C'est d'autant plus nécessaire que, depuis la mise en œuvre de ces textes, il a été constaté, **progressivement, le déplacement par les entreprises de la négociation commerciale du prix de vente** facturé tel qu'il résulte de l'application des conditions générales de vente **vers les réductions de prix hors facture et la coopération commerciale,** cet ensemble constituant ce qu'il est convenu d'appeler la marge arrière. L'importance croissante de ces avantages, qui n'apparaissent pas sur la facture de vente des produits, mais dont certains pourraient trouver leur place dans les conditions générales de vente, n'est pas sans influence sur le niveau des prix pratiqués **à l'égard du consommateur, dont le pouvoir d'achat doit être une priorité forte.**

Les éléments qui suivent ont donc pour objet de rappeler les dispositions du livre IV du Code de commerce en ce **qu'elles prescrivent les règles de transparence régissant les conditions générales de vente tout en permettant la différenciation tarifaire. Ils précisent en outre la définition de la coopération commerciale ; ce faisant, ils poursuivent un objectif de réduction négociée des marges arrière.**

Ces éléments ne remettent aucunement en cause les dispositions des articles L. 442-2 et suivants du Code de commerce qui interdisent la revente ou l'offre de revente à perte d'un produit en l'état et qui contribuent à assurer la loyauté des transactions commerciales. Toute infraction à ces dispositions fait encourir des sanctions pénales.

Les partenaires économiques sont par ailleurs invités à poursuivre, sur une base contractuelle, l'amélioration de leurs pratiques commerciales. À ce titre, différentes initiatives positives ont été lancées, comme la recommandation qui a reçu un avis favorable de la commission d'examen des pratiques commerciales le 2 octobre 2002 et qui préconisait une stabilisation des marges arrière ainsi qu'une modération tarifaire.

La présente circulaire se substitue, d'une part, à la circulaire du 10 janvier 1978 relative aux relations commerciales entre entreprises (dite circulaire Scrivener) à l'exception de la liste des produits

Textes de loi

périssables, d'autre part, à la circulaire du 22 mai 1984 relative à la transparence tarifaire dans les relations commerciales entre entreprises (dite circulaire Delors).

1. LES CONDITIONS GÉNÉRALES DE VENTE

Les conditions générales de vente doivent être le point de départ de toute négociation entre un fournisseur et un distributeur, **qui pourra donner lieu ensuite à des conditions particulières.**

Les conditions générales de vente sont **établies par le fournisseur**, qu'il soit producteur, prestataire de services, grossiste ou importateur, conformément au principe de transparence qui préside aux relations entre fournisseurs et acheteurs ; elles visent à informer l'acheteur préalablement à toute transaction du barème de prix et des conditions de vente du vendeur et constituent le cadre de la négociation commerciale ; elles permettent en outre à l'acheteur de s'assurer qu'il ne fait pas l'objet d'un traitement discriminatoire injustifié de la part de son fournisseur. C'est pourquoi, et bien que le Code de commerce ne prescrive pas d'obligation d'établir des conditions générales de vente, leur rédaction est vivement recommandée. Au demeurant, l'absence de conditions générales de vente peut constituer une présomption de discrimination (cf. Cass. com. 18 janvier 1994, Charpentier Publicité c/Havas Régie et TGI Evry 21 janvier 1992, Min. Eco. c/SA Panification Mellot).

Un fournisseur qui accepterait de substituer des conditions d'achat abusives, souvent qualifiées à tort de conditions générales d'achat, à ses conditions générales de vente, pourrait s'exposer au risque de discrimination telle que celle-ci est définie à l'article L. 442-6 (l, 1°) du Code de commerce comme étant « le fait de pratiquer à l'égard d'un partenaire économique, ou d'obtenir de lui des prix, des délais de paiement, des conditions de vente ou des modalités de vente ou d'achat discriminatoires et non justifiées par des contreparties réelles en créant de ce fait pour ce partenaire un désavantage ou un avantage dans la concurrence ».

D'autre part, le fait d'imposer des conditions d'achat en ce qu'elles impliqueraient une renonciation par le fournisseur à ses conditions générales de vente pourrait être considéré comme la manifestation d'un abus de puissance d'achat ou d'une discrimination abusive au sens de l'article L. 442-6 du Code de commerce.

Ainsi les fournisseurs ont tout intérêt à établir des conditions générales de vente le plus détaillées possible, **intégrant notamment davantage d'éléments qualitatifs**. En outre, elles ne doivent pas comporter de clauses qui traduisent un abus de dépendance ou de puissance de vente, de même que les conditions d'achat ne doivent pas comporter de clauses qui traduisent un abus de dépendance ou de puissance d'achat au sens de l'article L. 442-6 du Code de commerce.

1.1. Le barème de prix

L'établissement d'un barème de prix n'est pas obligatoire. En effet, il ne peut exister que pour autant que l'activité en question se prête à son élaboration (en sont exclus les services sur devis). De même, les prix de certains produits (notamment agricoles) sont soumis à des fluctuations de cours qui ne permettent pas l'établissement d'un barème.

À l'inverse, il n'est pas interdit au vendeur d'établir plusieurs barèmes qu'il destine à plusieurs catégories de clientèle auprès desquelles il commercialise ses produits ou ses services et qui ne sont pas placées sur le même marché, c'est-à-dire qui ne sont pas en concurrence entre elles. Dans ce cas, l'obligation de communication du barème ne porte que sur les prix applicables aux acheteurs qui appartiennent à la catégorie concernée et qui en ont sollicité la communication.

La durée de validité de ces barèmes de prix est fixée librement.

1.2. Les conditions de vente

Elles doivent faire apparaître :

Les conditions de règlement

Celles-ci précisent le délai de règlement et les modalités de calcul et conditions d'application des pénalités applicables en cas de retard de paiement.

Elles sont soumises aux dispositions des articles L. 442-6 (l, 1°) et L. 442-6 (l, 7°) du code de commerce qui dispose qu'« engage la responsabilité de son auteur et l'oblige à réparer le préjudice causé, le fait, par tout producteur, commerçant, industriel ou artisan :

« 1° **De pratiquer,** à l'égard d'un partenaire économique, **ou d'obtenir de lui,** des prix, des délais de paiement, des conditions de vente ou des modalités de vente ou d'achat discriminatoires et non justifiés par des contreparties réelles en créant, de ce fait, pour ce partenaire, un désavantage ou un avantage dans la concurrence ; [...]

« 7° De soumettre un partenaire à des conditions de règlement manifestement abusives, compte tenu des bonnes pratiques et usages commerciaux, et s'écartant au détriment du créancier, sans raison objective, du délai indiqué au deuxième alinéa de l'article L. 441-6. »

Un retard de paiement s'entend d'un règlement postérieur à la date figurant sur la facture de vente au sens de l'article L. 441-3 du Code de commerce et qui ne respecte pas, en cela, le délai fixé par les conditions générales de vente ou celui négocié contractuellement.

En l'absence de cette indication dans les conditions générales de vente ou d'un accord entre les parties, le délai de règlement est fixé au trentième jour suivant la date de réception des marchandises ou d'exécution de la prestation de service.

Les pénalités de retard courent de plein droit dès le jour suivant la date de règlement portée sur la facture ou à défaut le trente et unième jour suivant la date de réception des marchandises ou de l'exécution de la prestation de services.

Les pénalités ne peuvent être inférieures au montant résultant de l'application d'un taux équivalent à une fois et demie le taux de l'intérêt légal. **Il n'est pas prévu de taux maximum.** Toutefois, et s'il n'est pas fixé par les conditions générales de vente ou convenu entre les parties, le taux des pénalités de retard est égal au taux appliqué par la Banque centrale européenne à son opération de refinancement **la plus récente majoré de sept points.**

Les produits et charges correspondant aux pénalités de retard mentionnées aux articles L. 441-3 et L. 441-6 du Code de commerce sont respectivement rattachés pour la détermination du résultat imposable à l'impôt sur le revenu ou à l'impôt sur les sociétés, à l'exercice de leur encaissement et leur paiement.

Ces dispositions s'appliquent « aux pénalités de retard afférentes à des créances et dettes nées entre la date d'entrée en vigueur de la loi n° 2001-420 du 15 mai 2001 relative aux nouvelles régulations économiques et le 31 décembre 2004 » (loi de finances rectificative pour 2002, article 20).

Enfin, le vendeur peut consentir **un escompte** pour paiement comptant ou à une date antérieure à celle résultant des conditions générales de vente, qui, dès lors qu'il est proposé à tous les acheteurs, **doit être mentionné dans les conditions de règlement**.

Les rabais et ristournes

Le montant et les modalités selon lesquelles tout acheteur peut bénéficier de réductions de prix, qu'il s'agisse de rabais, de remises ou de ristournes, ainsi que les conditions dans lesquelles elles sont consenties doivent figurer dans les conditions générales de vente.

Les conditions générales de vente doivent être communiquées à tout acheteur de produit ou demandeur de prestation de services qui en fait la demande pour son activité professionnelle. En revanche, cette obligation ne s'applique pas aux demandes d'un fournisseur concurrent (CA Versailles 3 avril 1997, SA Vertumne c/SA Martin baron).

Les escomptes

Concernant la mention de l'escompte sur facture, il convient de distinguer deux règles :

D'une part, celle prévue à l'alinéa 4 de l'article L. 441-3 qui fait obligation de préciser les conditions d'escompte applicables en cas de paiement antérieur à la date résultant de l'application des conditions générales de vente ou à celle inscrite sur le recto de la facture.

Cette mention formelle mais obligatoire est destinée à inciter à une réduction des délais de paiement entre entreprises. **Si un vendeur ne souhaite pas octroyer d'escomptes pour paiement anticipé, une mention en informant l'acheteur demeure indispensable**.

D'autre part, celle de l'alinéa 3 de l'article L. 441-3 qui doit être comprise en ce sens que l'escompte mentionné sur facture peut venir en déduction du prix à payer dès lors que les parties ont établi entre elles une convention d'escompte assurant l'engagement de l'acheteur à payer effectivement dans le délai qui permet de bénéficier de cet avantage. Dans ce cas, l'escompte sera pris en compte dans le seuil de revente à perte (cf. note 1).

Les conditions générales de vente constituent le cadre de la négociation commerciale ; elles ont vocation à être appliquées dans les mêmes conditions à tous les acheteurs en concurrence sur un marché. Toutefois, elles ne font pas obstacle à ce qu'une différenciation soit réalisée pour prendre en compte une situation particulière, dans les conditions exposées ci-après.

2. LA DIFFÉRENCIATION TARIFAIRE EST POSSIBLE SANS TOMBER DANS LA DISCRIMINATION ABUSIVE

Il n'est pas interdit à l'acheteur de négocier ses conditions d'achat avec le vendeur conduisant ainsi à s'éloigner des conditions générales de vente (a). Toutefois, d'une part, **le vendeur n'est pas tenu d'accepter les demandes particulières de l'acheteur** (b), d'autre part, **le traitement différencié qui en résulte doit être justifié par une contrepartie** (c).

a) La différenciation tarifaire peut s'exercer de diverses façons :

1° Le champ couvert par des conditions générales de vente détaillées offre en lui-même des possibilités de différenciation tarifaire des clients au regard de la spécificité de leurs demandes.

Textes de loi

Il en est ainsi par exemple des modalités de livraison ou de conditionnement, de services logistiques particuliers, de conditions liées au stockage, des délais de règlement ou des escomptes différenciés. **Il peut s'agir également d'engagements fermes et irrévocables d'achats prédéterminés sur des quantités fixées par avance** (cf. note 2).

De plus, la diversité des situations dans lesquelles sont placés les acheteurs justifie qu'un vendeur établisse des conditions générales de vente différenciées selon les catégories d'acheteurs. Ainsi, un grossiste et un détaillant peuvent se voir proposer des conditions de vente différentes ; par suite, la communication des conditions générales de vente est réservée aux seuls destinataires concernés.

2° En outre, **la différenciation tarifaire peut résulter de la négociation de conditions particulières de vente**, c'est-à-dire se démarquant des conditions générales de vente du fait de la spécificité de la relation commerciale. **Au rang de ces conditions figurent les remises « qualitatives » accordées en contrepartie de services rendus par l'acheteur et qui ne sont pas détachables de l'opération d'achat-vente**, comme par exemple les services logistiques fournis à l'occasion de la livraison des produits.

Ainsi un fournisseur pourra en fonction de la négociation commerciale, et dans le respect des règles de facturation, sans commettre d'abus, **soit attribuer une remise arrière, soit une remise sur facture**. Ce n'est pas le mode d'imputation de la remise (sur la facture de vente du produit ou hors facture) qui pourra être source de discrimination abusive mais éventuellement le montant des avantages tarifaires consentis si ceux-ci s'avéraient dénués de justification objective. En ce cas, il est recommandé aux parties d'établir une convention définissant les réductions tarifaires qui figureront sur les factures de vente des produits.

Les critères objectifs qui président à la négociation des conditions particulières de vente et qui sont susceptibles de justifier d'un écart de tarif entre les clients sont communicables à tout acheteur qui sollicite le bénéfice de conditions comparables. En revanche, les accords particuliers eux-mêmes ne sont pas soumis à l'obligation de communication prescrite par l'article L. 441-6 du Code de commerce.

Les réductions de prix qui ont fait l'objet d'une négociation au titre d'une condition particulière de vente **sont portées sur la facture de vente du produit ou de la prestation de service dès lors qu'elles sont acquises au jour de la vente et directement liées à l'opération de vente, que leur règlement soit différé ou non.**

b) Le vendeur n'est pas tenu de satisfaire à des sollicitations de l'acheteur exorbitantes de ses conditions générales de vente. En effet, le fait de consentir de tels avantages peut le conduire à traiter ses autres clients de manière discriminatoire et à engager sa responsabilité civile au sens de l'article L. 442-6 du Code de commerce. En outre, le vendeur peut ne pas se montrer intéressé par les services que lui propose l'acheteur et qui justifieraient qu'une réduction de prix non portée dans les conditions générales de vente soit consentie à ce dernier. De même, le vendeur reste libre de refuser de vendre sauf si ce refus induit un comportement fautif au sens de l'article L. 442-6 du Code de commerce ou de l'article 1382 du Code civil, ou affecte le jeu de la concurrence sur le marché concerné.

c) Négocier des conditions particulières de vente n'est pas constitutif d'un abus si tout acheteur proposant les mêmes conditions d'achat peut bénéficier des mêmes avantages.

Textes de loi

Le traitement différencié d'un partenaire économique n'est pas abusif s'il est justifié par une contrepartie réelle et non manifestement disproportionnée. Le fournisseur qui s'exonérerait de ce principe s'expose à ce que réparation lui soit demandée sur le fondement de l'article L. 442-6 du Code de commerce ou de l'article 1382 du Code civil.

Il ne doit traduire ni une entente entre les opérateurs qui serait justiciable de l'article L. 420-1 du Code de commerce dès lors qu'elle aurait pour objet ou pour effet d'évincer des opérateurs en leur refusant le bénéfice d'avantages consentis à leurs concurrents, ni un abus de dépendance économique au sens de l'article L. 420-2, deuxième alinéa, du même texte (cf. note 3).

3. LA COOPERATION COMMERCIALE

3.1. Définition

La coopération commerciale est un contrat de prestation de service dont le contenu et la rémunération sont définis d'un commun accord entre un fournisseur et un distributeur. Le contenu de ce contrat porte sur la fourniture, par un distributeur à son fournisseur, **de services spécifiques détachables des simples obligations résultant des achats et ventes** (Cass. Com., 27 février 1990). Les accords de coopération commerciale ne doivent donc pas interférer avec les clauses des conditions générales de vente du fournisseur, par exemple en matière de délais de paiement, sauf si ces dernières constituent un abus de puissance de vente.

Ces services recouvrent des actions **de nature à stimuler ou à faciliter au bénéfice du fournisseur la revente de ses produits par le distributeur,** telles la mise en avant des produits ou la publicité sur les lieux de vente. L'attribution de têtes de gondoles ou d'emplacements privilégiés en relève également (TGI Périgueux, 16 février 2000), ainsi que la promotion publicitaire (Cass. crim., 15 octobre 1996).

Compte tenu de la définition même de la coopération commerciale, il convient de considérer que les services rendus par le distributeur lié à l'opération d'achat des produits auprès du fournisseur relèvent des conditions de vente du fournisseur, par suite, de tels services ne relèvent pas de la coopération commerciale mais doivent donner lieu à des réductions de prix.

La nature même des services de coopération commerciale ne permet pas l'établissement d'un barème puisque leur valeur varie en fonction de multiples critères et paramètres (TGI Périgueux, 16 février 2000).

3.2. Règles de forme

Les services rendus au titre de la coopération commerciale doivent donner lieu à une facture satisfaisant aux obligations de l'article L. 441-3 du Code de commerce. **Déduire la coopération commerciale des factures d'achat de produits par voie de compensation sans consentement écrit des fournisseurs est illicite** (TGI Strasbourg, 16 mars 1999).

Ces services doivent satisfaire au formalisme prévu par l'alinéa 5 de l'article L. 441-6 du Code de commerce et faire l'objet d'un contrat écrit en double exemplaire, établi avant la fourniture du service et détenu par chacune des deux parties.

En outre, il découle de l'article L. 441-3 susvisé que la facture de coopération commerciale doit comporter la dénomination exacte et le prix des services rendus. Ceci implique **que le contrat de coopération commerciale doit permettre d'identifier avec précision la nature exacte des services rendus, ainsi que les dates de**

Textes de loi

réalisation de ces services, afin que la correspondance entre ce contrat et la facture du distributeur puisse être établie (CA Paris, 29 juin 1998 ; TGI Lille, 14 décembre 2001).

3.3. Pratiques abusives relevant du droit civil

Les accords de coopération commerciale ne doivent pas être générateurs de discriminations ou d'abus.

Toute demande de rémunération au titre de la coopération commerciale **doit correspondre à un service effectivement rendu** afin de ne pas placer le fournisseur en situation d'accorder à un client des avantages discriminatoires, c'est-à-dire dépourvus de contrepartie réelle ou portant sur un service fictif. Ainsi en serait-il de services facturés par l'acheteur au titre de la coopération commerciale alors qu'ils font déjà l'objet d'une rémunération par voie de réduction de prix aux termes des conditions de vente du fournisseur, ainsi en serait-il également de services de coopération commerciale dont l'objet relève de la fonction même du vendeur ; il pourrait y avoir absence de cause au sens de l'article 1131 du code civil.

De même, les avantages sollicités ne doivent pas être manifestement disproportionnés par rapport à la valeur du service rendu (art. L. 442-6 [l, 2°, a] du code de commerce). Le caractère disproportionné pourra notamment s'apprécier au regard des éléments suivants : variation de la rémunération en dehors de toute rationalité économique, diminution sensible et injustifiée de la consistance de la prestation prévue au contrat, participation financière excessive à une opération commerciale dont l'intérêt n'est pas avéré….

Aux termes de l'article L. 442-6 (ll) du Code de commerce, « sont nuls les clauses ou contrats prévoyant pour un producteur, un commerçant, un industriel ou un artisan la possibilité :

a) De bénéficier rétroactivement de remises, de ristournes ou d'accords de coopération commerciale [...] »

L'effet rétroactif d'un avantage s'apprécie par référence à la date de conclusion de l'accord entre les parties ; ainsi n'a pas le caractère rétroactif au sens du texte précité l'attribution d'une ristourne en fin de période (ex. : ristourne de fin d'année) dès lors que celle-ci était bien prévue à la date de conclusion du contrat.

À l'inverse, les demandes reconventionnelles qui conduisent à modifier rétroactivement l'économie du contrat initial entrent dans les prévisions du texte.

4. LA POLITIQUE DE CONTRÔLE

Une attention particulière sera portée aux points suivants conduisant à ce que :

- les services effectivement rendus par l'acheteur mais qui ne relèvent pas de la coopération commerciale au sens de la définition donnée par la présente circulaire soient rémunérés par des réductions de prix relevant des conditions de vente du fournisseur ;

- les services dépourvus de contrepartie disparaissent et que les contrats prévoyant des services faisant l'objet d'avantages manifestement disproportionnés soient rééquilibrés ;

- le formalisme des contrats et des factures de coopération commerciale soit scrupuleusement respecté ;

- **le transfert des marges arrière vers les marges avant intervienne de façon progressive, afin de ne pas déstabiliser le marché.**

Textes de loi

Le non-respect de ces règles conduira les pouvoirs publics à saisir les juridictions compétentes, notamment sur le fondement des dispositions de l'article L. 442-6 du Code de commerce.

Les différences de traitement des partenaires économiques qui pourraient résulter du transfert progressif et négocié d'une partie de la marge arrière vers la marge avant seront appréciées au regard des efforts consentis pour réduire lesdites marges arrière et dans le respect des dispositions de l'article L. 442-6 (l, 2°, b) relatives à l'abus de dépendance ou de puissance d'achat. À cet égard, les services de contrôle admettront qu'un fournisseur propose à son client un tarif de vente minoré à hauteur de la réduction de marge arrière que les cocontractants seront convenus de mettre en œuvre. En pareil cas, ils considéreront qu'il n'y a pas discrimination abusive dès lors que la différenciation tarifaire sera l'exacte contrepartie de la réduction de la marge arrière.

En revanche, les services de contrôle feront une stricte application des dispositions du livre IV du code de commerce s'ils viennent à constater qu'après le transfert de marge susvisé tout ou partie de la marge arrière transférée a été reconstituée ou que des avantages compensatoires ne s'imputant pas sur la facture de vente des produits ont été mis en place[1]. Dans l'application de l'article L. 442-6 (l, 2°, a), ils tiendront compte de l'existence éventuelle de nouveaux services de coopération commerciale, réels et justifiés.

---

1. Une attention particulière sera également portée à cette occasion aux modifications tarifaires apportées par les fournisseurs.

La mise en œuvre de ces orientations, qui doivent mobiliser tous les partenaires économiques, dans un contexte de modération tarifaire, devra conduire à un progrès significatif dans le sens d'une meilleure concurrence et d'un avantage pour le consommateur.

Un examen des conditions de mise en œuvre de la présente circulaire sera réalisé durant une période d'application de dix-huit mois.

Textes de loi

Glossaire

A

Acheteur :

Personne responsable des achats dans une centrale d'achat nationale ou régionale, ou dans un magasin.

Accords de coopération commerciale (ACC) :

Prestations de service type prospectus, mise en avant, participation à des cartes de fidélité, référencement, etc., facturées par le distributeur à l'industriel.

Ces prestations de service constituent la marge arrière du distributeur.

Allegro :

Télétransmission des documents commerciaux (commandes, accusés de réception, factures, niveaux de stocks dans les entrepôts, etc.).

Assortiment :

Ensemble structuré de références d'une famille de produits proposé en gondole au consommateur.

B

Brief :

Exposé résumé, court et synthétique, d'une problématique marketing ou commerciale.

Brokerage :

Achat ou vente pour le compte d'une autre personne (comme un courtier).

Business Plan :

Plan opérationnel, sur l'année à venir, d'une marque ou d'un client (enseigne, centrale d'achat, etc.)

C

CA brut :

Chiffre d'affaires brut : nombre d'unités vendues multiplié par le prix tarif.

CA net :

Chiffre d'affaires net : nombre d'unités vendues multiplié par le prix tarif diminué (éventuellement) des remises promotionnelles ou spécifiques (remise de transport par fer, par exemple).

CA net net (2 fois net) :

Chiffre d'affaires net net : nombre d'unités vendues multiplié par le tarif net diminué des réductions sur facture.

CA 3 fois net :

Chiffre d'affaires 3 fois net : nombre d'unités vendues multiplié par le tarif net net diminué du montant des prestations de service.

Category management :

Organisation et gestion d'une famille de produits ou d'un univers de familles de produits, depuis la sortie des usines jusqu'aux caisses de sorties des magasins.

Celui qui occupe cette fonction s'appelle le category manager et remplace dans certaines centrales d'achat les acheteurs traditionnels.

Centrale d'achat :

Organisme centralisant les achats pour le compte de ses adhérents, dans le but d'acheter en plus grande quantité, donc moins cher.

CGA :

Conditions générales d'achat rédigées par un distributeur.

CGR :

Conditions générales de réduction de prix, traduisant la politique d'un industriel. Elles ne peuvent être discriminatoires et doivent venir en déduction du tarif net pour fixer le seuil de revente à perte.

CGV :

Conditions générales de vente. Elles ne sont pas obligatoires mais fortement souhaitées par le législateur. Elles concernent les commandes, les dates de livraison, les enlèvements et retours de marchandises, la consignation si nécessaire, la date limite d'utilisation optimale (DLUO), la préservation de la qualité des produits, le paiement des marchandises, la réserve de propriété, l'attribution de juridiction, etc.

Chef de département :

Responsable d'un ensemble de rayons dans un magasin.

Chef de file :

Salarié d'un magasin ayant la responsabilité d'un nombre de magasins sur un dossier particulier.

Chef de rayon :

Responsable d'un rayon dans un magasin.

CIP :

Code industriel produit. Il est attribué en interne au produit par l'industriel.

Clientèle fidèle :

Clientèle ayant consacré plus de 50 % de son budget à l'enseigne.

Clientèle assez fidèle :

Clientèle ayant consacré de 20 à 50 % de son budget à l'enseigne.

Clientèle occasionnelle :

Clientèle ayant consacré moins de 20 % de son budget à l'enseigne.

CNUF :

Code national unitaire fournisseur attribué par le Gencod.

Commission (en centrale d'achat) :

Groupe de personnes (permanents en centrale et salariés ou adhérents en magasin) chargé des achats d'un rayon pour une centrale d'achat.

Conso Scan :

Panel consommateur de Sécodip de 8 000 foyers, équipés d'un home scanner.

CPV :

Conditions particulières de vente, sur facture si acquises au jour de la négociation.

Copy strategie :

Document qui fixe les principes et les axes d'une communication publicitaire. Il comporte le fait principal, le positionnement, les objectifs de la communication, la cible, la promesse publicitaire, la justification (ou *reason why*), la tonalité de la communication et les contraintes (budget, etc.).

Cross docking :

Transport et prestations de service logistiques partagées par plusieurs industriels.

CSP :

Catégories socioprofessionnelles.

Cycle promotionnel :

Planning sur une année des opérations promotionnelles par marque ou par produit, par client et par semaine.

D

DAS :

Domaine d'action stratégique

DCL :

Date de consommation limite.

DGCCRF :

Direction générale de la concurrence, de la consommation, et de répression des fraudes.

DN :

Distribution numérique.

Nombre de magasins d'un même univers détenteur d'une marque ou d'un produit.

Nombre total de magasins de l'univers.

Ce nombre inclut les magasins en ruptures de stock sur la période considérée.

DLUO :

Date limite d'utilisation optimale.

DPH :

Droguerie, parfumerie et hygiène.

DV :

Distribution valeur.

Chiffre d'affaires de la classe de produits des magasins détenteurs d'une marque.

Chiffre d'affaires, de la même classe de produits, de tous les magasins de l'univers.

E

ECR :

Efficient consumer response : Ensemble des procédures de partenariat industrie/commerce permettant d'ajuster les assortiments, les stocks, les nouveaux produits et les linéaires à la demande des consommateurs.

EDI :

Échange de données informatiques (commande, avis de réception, facture, niveau de stocks, etc.).

Enseigne/format :

Nom d'une chaîne de magasins correspondant bien souvent à un format de magasins. Par exemple, le groupe Promodès possède plusieurs enseignes en fonction de la taille des magasins : Continent pour les hypermarchés, Champion pour les supermarchés, Shopi ou 8 à huit pour les superettes, Dia pour les hard discounters, Promocash pour les cashs et carry, etc.

F

Facing :

Unité de présentation d'un produit face au public.

Franco (tarif) :

Tarif incluant les frais de transport entre l'usine ou le dépôt d'un industriel et le point de livraison (magasin ou entrepôt).

G

Gamme de produits :

Ensemble de produits se caractérisant par sa largeur (nombre de produits différents) et par sa profondeur (nombre de variétés de chacun des produits différents).

GENCOD :

Groupement d'études de normalisation et de codification.

Organisme paritaire à 50 % fabricant (Genfa) et à 50 % distributeur (Gendi), créé en 1972, dont les règles s'articulent dans le cadre de l'association internationale EAN. Ce dernier comporte lui-même deux standards : le premier pour le consommateur avec treize positions (cinq pour le CNUF et six pour le CIP) et le second pour l'expédition (DUN 14 ou EAN 128).

GMS :

Grandes et moyennes surfaces.

Gondole :

Meuble de présentation des produits utilisé dans les GMS.

Goodwill :

Ensemble des éléments incorporels de l'entreprise non comptabilisés dans le bilan, tels que la notoriété, l'image, les brevets, l'absence de grève, etc.

GRP :

Gross rating point : couverture (x % de la cible) multiplié par le nombre de contact.

GPA :

Gestion partagée des approvisionnements.

GSA :

Grandes surfaces alimentaires.

GSS :

Grandes surfaces spécialisées de produits d'électroménagers, type Darty, ou de produits de bricolage, type Leroy Merlin, etc.

GT :

Groupe de travail en centrale d'achat, utilisé particulièrement chez les indépendants.

H

Hard discounter :

Magasin pratiquant le hard discount, c'est-à-dire vendant des produits courants à prix et assortiments réduits.

Home scanner :
Lecteur individuel de gencod.

Hypermarché – HM :
Grande surface alimentaire en libre-service de plus de 2 500 m^2 de surface de vente.

I

Image (de marque) :
Perception d'une marque ou d'un produit auprès d'une cible au travers des items explicatifs du marché.

Indice de consommation :
Sommes dépensées toutes enseignes confondues par les clients d'une enseigne rapportées aux sommes dépensées en moyenne par les ménages.

In pack :
Signifie à l'intérieur de l'emballage.

Item :
Énoncé constitutif d'une échelle d'attitude.

L

Linéaire :
Longueur de présentation horizontale.

Linéaire développé :
Linéaire au sol ou horizontal multiplié par le nombre de tablettes dans la présentation.

Lot virtuel :

Ensemble de deux (ou plusieurs produits) d'une même marque, dont le prix du deuxième (ou des autres) est (sont) moins cher(s) ; activé directement par scanning en caisses de sortie.

M

Marketing mix :

Organisation, cohérence et optimisation des quatre « P » à savoir : le Produit, la Place (la distribution), le Prix et la Publicité/Promotion.

Marque de distributeur – MDD :

Marque appartenant à un distributeur, par opposition aux marques nationales ou aux premiers prix. Spécifique par enseigne, elle s'appelle alors marque propre.

Magasin principal :

Magasin dans lequel un ménage dépense le plus d'argent.

Magasin secondaire :

Magasin qui arrive en deuxième position dans les dépenses d'un ménage.

Mapping :

Représentation graphique, issue de l'analyse des données, d'un univers de produits ou de marques concurrentes qui se positionnent en fonction de deux axes croisés regroupant les critères explicatifs du comportement des consommateurs.

Marge arrière :

Somme qui correspond aux diverses prestations de service ou accords de coopération négociés annuellement pour un produit ou une gamme de produit, entre un distributeur et un industriel.

Marge avant :

Différence entre le prix de vente aux consommateurs hors taxes et le seuil de revente à perte (prix pied de facture de l'industriel, majoré du coût de transport, éventuellement de l'escompte et des différentes taxes).

Métascope :

Panel postal de la Sofrès portant sur 20 000 ménages.

MCV :

Marge sur coût variable.

Merchandising :

Ensemble de techniques utilisées pour optimiser les ventes dans les magasins en libre-service par une meilleure accessibilité et visibilité des assortiments.

MESORE :

Meilleure solution de rechange.

« Me too produit » :

Produit indifférencié par rapport aux concurrents sur les quatre paramètres du mix.

Monographie ou revue d'enseigne :

Analyse exhaustive d'une enseigne : identification, structure de capital, logique de constitution, métiers, organisation, marketing mix, performances, axes de développement en France ou à l'étranger.

N

NA :

Nombre d'acheteurs pour 100 ménages.

NIP .

Nouveaux instruments promotionnels.

Notoriété :

Niveau de connaissance d'une marque ou d'un produit auprès d'une cible. Elle peut être mesurée en spontané ou en assisté.

O

On pack :

Promotion ou texte incorporé à l'emballage même.

P

Palette :

Socle (de bois en général) au sol servant à la manutention et à la mise en place des produits dans la surface de vente des magasins.

Panel :

Échantillon représentatif d'un univers, ou d'une catégorie d'individus donnée, audité à intervalle régulier.

Panel Infoscan :

Panel de distributeur scannérisé d'Iri Sécodip, en place depuis 1994, avec un échantillon de 450 magasins environ.

Panel Scantrack :

Panel de distributeur scannérisé de AC Nielsen, qui remplace depuis 1994 le panel classique de détaillants, avec un échantillon de l'ordre de 3 000 magasins.

Panier moyen :

Sommes dépensées par ménage client de l'enseigne, à chaque visite.

Part de marché :

Volume d'une marque ou d'un produit.

Volume du marché correspondant.

Cette part de marché peut se calculer aussi en valeur, c'est-à-dire par rapport au chiffre d'affaires d'une marque ou d'un produit.

Part de linéaire :

Linéaire affecté à une marque ou à un produit.

Linéaire total du marché ou du segment de marché considéré.

Part de voix :

Part de marché pour les investissements média ou promotionnels.

Pénétration :

Pourcentage des ménages ayant fréquenté une enseigne au moins une fois au cours de la période considérée.

PGC :

Produits de grande consommation.

Plan d'action commercial – PAC :

Planning des différentes opérations promotionnelles avec thématiques d'un rayon ou d'un univers de produits dans une enseigne.

Planogramme :

Présentation des marques, produits et références en linéaire sur la gondole à partir d'un support de communication (papier, micro, etc.).

PLV :

Publicité sur le lieu de vente, telle que affiche, kakémono, urne pour concours ou loterie, stand de dégustation, etc.

PMG :

Petits, moyens et gros consommateurs.

Point mort ou seuil de rentabilité :

Niveau d'activité à partir duquel une entreprise ou un investissement commence à être rentable. Il se traduit par un nombre de semaines, de mois ou d'années nécessaires pour que les recettes dégagées des ventes supplémentaires équilibrent l'ensemble des dépenses engagées.

Positionnement :

Place que doit occuper la marque ou le produit dans l'esprit des consommateurs par rapport à la concurrence et en fonction des différents critères explicatifs du marché considéré.

Potentiel d'une enseigne :

Nombre de ménages clients dans une enseigne.

Nombre de ménages ayant cette enseigne accessible de leur domicile ou lieu de travail.

Premier prix :

Produit le moins cher d'une famille de produits dans un magasin, la plupart du temps inférieur à la marque de distributeur.

Produit spécifique :
Produit non promotionnel, ne figurant pas sur le tarif de l'industriel.

Produit promotionnel spécifique :
Produit promotionnel qui ne figure pas sur le tarif de l'industriel.

Prospectus :
Dépliant ou catalogue mettant en valeur les produits en promotion des magasins d'une enseigne pendant une période donnée (huit à dix jours, le plus souvent).

Q

QA :
Quantités achetées pour 100 ménages acheteurs.

QA/NA :
Quantités achetées moyennes par ménage acheteur.

Quai départ (tarif) :
Tarif n'incluant pas le coût de transport correspondant au trajet usine ou dépôt de l'industriel à l'entrepôt (ou au magasin) du distributeur.

R

Rack :
Panier métallique au sol contenant des produits.

Rendement :
Résultat net.
Fonds propres.

Rentabilité :
Résultat net.
Chiffre d'affaires hors taxes.

Rentabilité au mètre linéaire :
Chiffre d'affaires annuel.
Nombre de m^2 en surface de vente.

Référence :
Unité de base d'un assortiment qui peut être constituée de plusieurs articles.

Référencement :
Procédure selon laquelle un produit, une marque ou une entreprise est agréé(e) par un acheteur agissant pour le compte d'une enseigne, d'une centrale d'achat ou d'un simple magasin.

Remise :
Pourcentage de baisse de tarif appliqué, soit d'une façon permanente par des remises sur facture qui dépendent des conditions générales de réductions de prix, ou ponctuellement sous forme de promotions (remises promotionnelles).

Rupture de stock :
Absence d'un produit ou d'une marque en surface de vente, mais présent ou référencé en entrepôt ou en centrale d'achat.

S

Scanning :
Techniques de lecture optique des codes barres des produits.

Scan 9 000 :
Panel consommateur d'AC Nielsen de 9 000 ménages.

Seuil de revente à perte :

Prix pied de facture (tarif diminué des remises promotionnelles et des remises sur facture) de l'industriel + coût du transport + taxes éventuelles + TVA + escompte (si convention d'escompte rédigée entre les deux parties).

Stop rayon :

PLV située sur les bordures de tablettes des gondoles, afin d'accroître le repérage des produits.

Supermarché – SM :

Grande surface alimentaire en libre-service de 400 à 2 499 m^2 de surface de vente.

Superette :

Grande surface alimentaire en libre-service de 120 à 399 m^2 de surface de vente.

T

Tableau de bord :

Analyse ou suivi des résultats à date et des performances d'une marque ou d'un client (enseigne, centrale d'achat, etc.).

Taux d'attachement ou de nourriture :

Part de marché d'une enseigne chez ses clients.

Tête de gondole :

Extrémité des gondoles.

Trade margin :

Marge avant + marge arrière.

Trade marketing :
Pour l'industriel : écoute et connaissance de ses clients au bénéfice de la commercialisation de ses marques. Pour le distributeur : marketing du commerce.

U

Univers :
Catégorie ou ensemble de produits faisant l'objet d'un regroupement en fonction de l'usage, de la fonction, du moment de consommation, du type de consommateur, etc.

Z

Zone de chalandise :
Zone d'influence d'un magasin, mesurée en kilomètres ou en temps d'accès.

Bibliographie

CHAIN C. :
Distribution : la révolution marketing ou l'odyssée de l'enseigne, Éditions Liaisons, 1993.

CHAIN C. ET GIAN N. :
Commerce : une dynamique pour demain, Éditions Liaisons, 1992.

CHETOCHINE G. :
Marketing stratégique de la distribution, Éditions Liaisons, 1992.

CHINARDET C. :
Le trade marketing, Éditions d'Organisation, 1994.

CHINARDET C. :
Négocier avec la grande distribution, Méthodes et outils pour le compte-clé, Éditions d'Organisation, 1999.

COGITORE S. :
Le catégory management, Éditions Dunod, 2003.

COLLA E. ET DUPUIS M. :
Le défi mondial du bas prix, Publi Union, 1997

CORSTJEN J. ET M. :
La guerre des linéaires, Éditions d'Organisation, 1996.

DUCROCQ C. :
Concurrence et stratégie dans la distribution, Vuibert Entreprise, 1994.

Ducrocq C. :
La distribution, Vuibert Entreprise, 1994.

Farizy P. et Vincent M. :
Référencement et déréférencement, Éditions d'Organisation, 1996.

Fisher R. et Ury W. :
Comment réussir une négociation, Seuil, 1991.

Ghazal M. :
Réussir vos négociations, Centre Européen de la Négociation, 1997.

Geradon de Vera O. :
Quand les gondoles changent de tête, Éditions Liaisons, 1998.

Ingold P. :
Les techniques promotionnelles, Vuibert Entreprise, 1998.

Kapferer J.-N. :
Les marques, capital de l'entreprise, Éditions d'Organisation, 1991.

Korda P. :
Vendre et défendre ses marges, Dunod, 1994.

Lhermie C. :
Négociation et référencement dans la grande distribution, Vuibert Entreprise, 1994.

Lhermie C. :
Carrefour ou l'invention de l'hypermarché, Vuibert, 2001.

Leclerc M.-E. :
La fronde des caddies, Plon, 1994.

Leclerc M.-E. :
Du bruit dans le landerneau, Albin Michel, 2003.

Masson J.-E. et Wellhoff A. :
Qu'est-ce que le merchandising ?, Dunod, 1991.

PIQUET F. et LELLOUCHE Y. :
La négociation acheteur/vendeur. Comment structurer et mener une transaction commerciale ?, Dunod, 1998.

TORDIMAN A. :
Le commerce de détail américain, Éditions d'Organisation, 1988.

TROADEC A. et L. :
Gérer et animer un réseau de ventes, Éditions d'Organisation, 1998.

Table des figures

www.ingramcontent.com/pod-product-compliance
Lightning Source LLC
Chambersburg PA
CBHW061125220326
41599CB00024B/4173